本研究获得金融可持续发展研究团队的资助

光明社科文库
GUANGMING DAILY PRESS:
A SOCIAL SCIENCE SERIES

·经济与管理书系·

中国经济在险增长研究

李林玥 ｜ 著

光明日报出版社

图书在版编目（CIP）数据

中国经济在险增长研究 / 李林玥著. -- 北京：光明日报出版社，2022.8
ISBN 978-7-5194-6545-2

Ⅰ.①中… Ⅱ.①李… Ⅲ.①中国经济—经济增长—风险管理—研究 Ⅳ.①F124.1

中国版本图书馆 CIP 数据核字（2022）第 059125 号

中国经济在险增长研究
ZHONGGUO JINGJI ZAIXIAN ZENGZHANG YANJIU

著　　者：李林玥	
责任编辑：宋　悦	责任校对：张彩霞
封面设计：中联华文	责任印制：曹　净

出版发行：光明日报出版社
地　　址：北京市西城区永安路 106 号，100050
电　　话：010-63169890（咨询），010-63131930（邮购）
传　　真：010-63131930
网　　址：http://book.gmw.cn
E - mail：gmrbcbs@gmw.cn
法律顾问：北京市兰台律师事务所龚柳方律师
印　　刷：三河市华东印刷有限公司
装　　订：三河市华东印刷有限公司
本书如有破损、缺页、装订错误，请与本社联系调换，电话：010-63131930

开　　本：170mm×240mm	
字　　数：125 千字	印　　张：11
版　　次：2022 年 8 月第 1 版	印　　次：2022 年 8 月第 1 次印刷
书　　号：ISBN 978-7-5194-6545-2	

定　　价：85.00 元

版权所有　翻印必究

目 录
CONTENTS

第一章 绪 论 ·· 1
　第一节 研究背景及研究意义 ··· 1
　第二节 研究思路及研究内容 ··· 6
　第三节 研究方法 ·· 19
　第四节 创新之处 ·· 33

第二章 文献综述 ·· 40
　第一节 经济周期协动性传导机制及其影响机理 ···························· 40
　第二节 产业结构调整及战略性新兴产业的相关研究 ······················ 48
　第三节 宏观经济政策协调的相关研究文献综述 ···························· 55
　第四节 文献评述 ·· 58

第三章 宏观经济政策溢出效应分析 ··· 60
　第一节 基于 IS-LM-BP 模型的拓展 ·· 60
　第二节 外国的财政扩张政策对本国经济的影响 ···························· 62

1

第三节　外国的货币扩张政策对本国经济的影响 …………… 70
第四节　实证数据研究结果分析 ………………………………… 74

第四章　动态因子模型的空间计量分析 ……………………… 85
第一节　面板数据模型的多维度回归分析 ……………………… 85
第二节　动态因子模型的国别及区域分析 ……………………… 92
第三节　全球金融危机对股票市场的影响 ……………………… 93

第五章　经济周期、金融一体化与国际政策协调 …………… 98
第一节　"一带一路"背景下研究问题的提出 ………………… 98
第二节　经济周期传导机制的主要文献回顾 …………………… 99
第三节　实证研究模型的构建及数据整理 …………………… 103
第四节　实证研究结果与稳健性检验 ………………………… 111
第五节　主要结论及政策建议 ………………………………… 123

第六章　中国经济在险增长下的经济周期与贸易发展动向 … 126
第一节　经济在险增长：理论逻辑与实践逻辑 ……………… 126
第二节　经济周期协动性的危机传染效应 …………………… 129
第三节　中国经济在险增长的最新动向分析 ………………… 136

第七章　结论及研究展望 ……………………………………… 146
第一节　主要研究结论 ………………………………………… 146
第二节　政策建议梳理 ………………………………………… 147

参考文献 ………………………………………………………… 150

第一章

绪 论

本章首先介绍了研究背景，提出本研究将要解决的问题，并阐述本研究的现实意义及其理论价值；其次，本章梳理了研究思路，并简要说明了研究内容以及技术路线图；再次，本章阐述了主要采用的研究方法；最后，本章明确了研究的创新之处。

第一节 研究背景及研究意义

一、研究背景

中国经济自1978年改革开放以来保持了年均9.5%以上的高速增长（殷剑峰，2010），经济总量位居世界第二。然而，从2012年起，中国经济的增长速度开始出现一定程度的下降，经济发展进入"新常态"阶段，深层次矛盾逐渐显现，产业结构调整更加注重"稳增长、调结构、提质量"。2019年末至2020年初暴发的新型冠状病毒肺炎疫情（以下简称"新冠疫情"）对世界经济的冲击非常大，中国是所有经济体中唯一实现正增长的大型经济体。

随着中国对外经贸及国际经济合作活动的大幅度增长，中国经济在世界经济中的地位及国际影响力不断提升，伴随着全球金融一体化的发展，中国经济与世界经济之间的相互依存度也越来越高。2008年美国爆发的全球金融危机使中国的股票市场与欧美的股票市场呈现同涨同跌的现象，而中国政府所采取的相机抉择式的宽松货币政策也正好与美国同期实行的量化宽松政策遥相呼应（杨子晖等，2013）。与此同时，各国之间的资本相互持有程度也在逐渐加深，通过汇率和资产价格波动带来巨额财富的跨国转移，必然对各国经济的协动性及汇率政策的有效性造成较大影响（梅冬州和赵晓军，2015）。

借助国际贸易、国际投资、国际金融以及国际政策合作等主要传导渠道，影响经济周期联动的各种因素相互交织、相互影响，中国与欧美等世界主要发达经济体之间的宏观经济变量呈现出明显的协动性，进一步带动相关经济政策的跨国联动。从中国国内经济的发展状况看，中国的区域经济周期也呈现出一定的规律：影响全国的因子对大多数省份的产出波动解释程度要比改革开放之前有所下降。这意味着中国由计划经济向市场经济转变的过程中，全国因子的作用在减弱，而各省自身的异质性特征正扮演着越来越重要的角色（阳玉香等，2017）。这与Kose等人（2008）研究发现的全球化（以1985年为界）浪潮之后世界影响因子的作用下降而区域因子及国家自身的异质性影响增强的结论遥相呼应。

2008年国际金融危机爆发以来，中国经济发生了明显的结构性变化，尤为突出的一个特征是伴随着实体经济低波动的金融业开始日益膨胀，出现金融周期与经济周期的背离。在我国经济高速发展的背后，经济发展方式存在深层次的问题，传统产业的发展是以资源和环境的大量消耗为代价的，从长期来看这是不可持续的。为全面建成小康社会，实现可持续发展，中国经济就必须探寻经济增长的新引擎。"大众创业，万众创新"成为新时代激发创新活力，促进经济增长的理念之一。

2010年10月国务院颁布了《关于加快培育和发展战略性新兴产业的决定》，明确提出了我国培育和发展战略性新兴产业的中长期目标。战略性新兴产业是基于我国国情所提出的具有中国特色的独特概念。目前，我国确立的战略性新兴产业涉及的重点领域包括：新能源汽车产业、节能环保产业、新一代信息技术产业、生物产业、高端装备制造产业、新能源及新材料产业等。新常态经济下对产业结构调整与升级的要求主要体现在产业政策的转变上，大力发展战略性新兴产业和服务业的同时淘汰和重组过剩产能。

从全球价值链（GVC）层面看，我国的传统产业现阶段仍然处于"微笑曲线"（低附加值生产环节）的低端位置，难以获得高端价值收益。同时，我国的传统产业数量约占整个企业数量的2/3，传统产业依然是我国国民经济的支柱，而作为实现经济可持续健康发展的战略性新兴产业亟待加强培育。目前我国正面临着对传统产业的升级改造和对战略性新兴产业的培育。同时，国家对创新的高度重视要求打造强大的国家创新科技体系，从而大力推进产业结构的优化升级，并注重环保、绿色GDP的增长以及减少碳排放量，因为"绿水青山就是金山银山"。

2021年1月25日，习近平总书记在世界经济论坛"达沃斯议程"对话会上提出当今世界经济面临的四大课题，其中的第一项是加强宏观经济政策协调，共同推动世界经济强劲、可持续、平衡、包容增长。中国的新格局也是世界的新机遇。

鉴于上述研究背景，怎样通过宏观经济政策协调处理好经济周期协动性与产业结构优化升级之间的关系？经济周期协动性、产业结构优化升级与宏观经济政策协调三者之间的影响机理及其福利效应是什么？基于当前中国面临的比较复杂的国内和国际环境，结合国内国际双循环相互促进的发展模式，本研究同时建立了两个模型框架：一是以国内大循环为主体的国内经济模型框架，模型中考虑粤港澳大湾区、长三角以及京津冀三大区域对产业结构优化升级的作用，并引入金融因素；二是构建以国际大循环为辅的国际经济模型框架，由于当前的国际货币体系依然以美元为中心，对此本书建立了一个以美元为中心的国际经济周期模型，并引入国际直接投资、宏观金融关联以及资本的跨国流动。本研究在这两个模型框架的基础上，结合实证分析，讨论了经济周期协动性对产业结构优化升级的影响机理及风险传染。在此基础上，对财政政策、货币政策、汇率政策等宏观经济政策协调的各种组合对经济周期联动以及产业结构优化升级的效果和福利变动进行评估。

二、研究意义

本研究在一个相互联系相互作用的全球化背景下，结合动态因子模型的空间计量分析探寻相关经济政策的空间溢出效应，借助传导机制定位空间溢出效应的源头与路径。动态因子模型作为比较前沿的研究方法，在处理高维大数据的降低维度和建立模型方面占据非常重要的地位。

(一) 重要的理论意义和学术价值

本研究将丰富学术界对影响中国与世界经济周期波动因素的认识，并为金融经济周期理论及产业发展理论融入全新的研究视角。基于中国的现实背景，本研究深入区域层面、省市层面以及产业层面进一步探讨影响中国经济与世界经济周期协动性的生成原理及其影响因素，是对已有文献的完善与深化，能够对影响中国经济与世界经济周期协动性的因素形成更全面、更深入的认识。

(二) 重大的现实意义和应用价值

第一，本研究将坚持问题导向、需求导向，从而揭示实际问题背后的科学内涵及机制规律。通过深入分析中国应对世界经济周期波动的新特征及全球系统性风险的对策，本研究将建立健全非周期性波动因素的安全预警机制并为合理有效地使用政府的政策调控工具提供一个全新的视角。

第二，本研究将拓展多层动态因子模型在空间计量思维方向上的实证研究，不仅能为中国与世界其他经济体之间货币政策、汇率政策及贸易政策的国际经济协调与合作、全球系统性金融风险的防范等提供相关的政策建议，而且还有助于国内金融市场的改革、金融资源的合理配置以及利率市场化更好地权衡利弊得失，为实现国民经济快速健康持续地发展贡献力量。紧扣实际短板、弱项和不足，努力聚焦突破根本性瓶颈问题,"既顶天又立地",既着重当下,又为长远目标服务,提出科学可靠、指导实践、落地生效的有针对性的理论支撑和政策建议。

第二节 研究思路及研究内容

一、中国经济周期运行的特征事实

该部分内容在追溯中国经济周期研究的基础上,主要分析20世纪90年代以后中国经济周期运行的特征事实以及与区域经济体、世界经济周期呈现的变化趋势和特征,研究的主要内容包括以下三个方面:

(一)中国经济波动的特征事实

包括对不同时期(中国经济大致可以分为改革开放前、后两个阶段)、不同地区省份以及不同政策背景下,中国经济周期在考察各个阶段周期划分的基础上,所呈现在各个阶段不同的经济运行特征。运用"波谷—波峰"等方法,通过对比各阶段经济周期的异同找出中国经济运行的规律。在此基础上,继续探讨中国经济波动的影响因素、指标体系,并对本轮经济周期的运行趋势进行预测,为探寻习近平新时代中国特色的中国经济周期运行规律做铺垫。

(二)中国与区域经济体及世界经济周期的特征事实研究

一方面,分别对中国与美墨加协定(北美自由贸易协定)、欧盟经济体以及东亚经济体的经济波动相关性进行分析，抓住长期变化规律并讨论中国因素的重要程度，从而为制定减小外部冲击影响，促进中国与各个区域经济体互惠共赢的贸易金融政策打下基础。另一方面，从世界的视角出发，以"一带一路"为分析重点，考察中国经济与世界经济波动的相互关系及变动具有的重要战略意义。

（三）中国的产业结构调整与经济周期波动的特征事实研究

对1978年至2020年的农业、工业以及服务业的产业总值与国内生产总值的相关关系进行详细分析，深入理解产业的发展趋势和占国民经济的比重变化。中国的产业结构变化按照三次产业结构调整转型的情况大致可以划分为三个阶段：第一阶段是从1978年改革开放到1991年；第二阶段是从1992年（邓小平南方谈话）到2007年；第三阶段是从2008年（全球金融危机）至今。

本部分的研究通过分析第一产业、第二产业以及第三产业在这三个不同阶段的就业弹性（就业增长率和经济增长率之比）、产业结构偏离度（各产业的增加值比重与其对应的劳动力的比重相异程度）、产业贡献率（产业增量/GDP增量）、产业拉动力（产业贡献率×GDP增长率）以及相关福利效应的变化情况，运用国内省市地区的空间分布数据进行充分研究，总结中国产业结构调整与经济周期波动的特征事实。为深入研究产业结构的优化升级程度，本部分的研究还将纳入"产业结构合理化"以及"产业结构高级化"的测度结果进行分析，实质是研究中国的产业在全球价值链中嵌入高端价值环节的程度。

对中国的产业结构与经济波动关联的静态分析。1978年至2020年，产业结构与经济增长之间的内在联系可以通过回归模型做定量分析。GDP=f(P, S, T, A)，其中P、S、T分别代表第一产业、第二产业和第三产业的产出量，A代表经济制度和技术水平。为了进一步测算三大产业的总产出弹性，对总产出函数取对数建立模型：

$$\ln GDP = \alpha_0 + \alpha_1 \ln P + \alpha_2 \ln S + \alpha_3 \ln T + \varepsilon \qquad 公式（1.1）$$

模型的系数 α_1、α_2、α_3 分别测度GDP对第一产业、第二产业和第三产业的产出弹性。比如，α_1 代表在第二产业和第三产业产值不变的情况下，第一产业每增长1%导致的GDP总值的百分比变化率。由于我国改革开放40多年来，经济规模和经济结构都发生了翻天覆地的变化，这部分研究有必要将总的时期，也就是1978年至2020年划分为几个子时期，同时比较远期和近期的回归模型结构。

在此基础上，还可以对第一产业、第二产业以及第三产业的内容展开进一步的划分，比如，侧重战略性新兴产业所包含的七大产业：新能源汽车产业、节能环保产业、新一代信息技术产业、生物产业、高端装备制造产业、新能源及新材料等产业；或者按照其他标准进行产业的进一步细分：比如，技术含量程度、嵌入全球价值链的程度、是否与环境保护密切相关等等。

二、中国经济与世界经济周期协动性的传导机制分析

本部分的研究基于"贸易对经济周期传导具有主导作用并呈现双向影响效应"的观点，构建不同贸易渠道影响中国经济与世界经济周期协动性的理论模型，刻画贸易结构影响经济周期传导的内在机制，主要从方向和数量上回答"如何影响"的问题。"贸易对经济周期传导具

有主导作用并呈现双向影响效应"是指当面对外部冲击时，贸易传导效应在世界经济周期的形成过程中占据主导地位并会向着两个不同的方向传递：传统的产业间专业化分工格局可能使世界经济周期的协动性下降（Shin 和 Wang，2003），与此同时，现在日益发达的产业内专业化分工格局，包括垂直分工和水平分工，则会使得各国经济周期的协动性有所增强（Arkolakis，2009）。因此，本课题将主要从贸易传导机制、金融和投资传导机制，以及国际政策协调和国际经济制度对中国经济与世界经济周期协动性的影响展开全面深入的研究。

（一）传导机制之一：贸易传导渠道对中国经济与世界经济周期协动性的影响

国际贸易传导机制主要是外国经济经由国际贸易流量和流向变化影响国内宏观经济变化（程惠芳和岑丽君，2010）。贸易传导渠道作为世界经济周期存在和联动的最主要原因，必须结合与贸易有关的其他经济变量加以研究，这些相关经济变量包括双边贸易强度、产业结构相似度、贸易结构相似度、引入不可贸易品的贸易传导机制以及贸易模式（宋玉华等，2007）。大量理论和实证研究表明，贸易强度对世界经济周期的协动性有明显的正相关关系，产业结构和贸易结构对世界经济周期协动性存在影响，但不显著。不同贸易品部门的专业化程度与世界经济周期协动性有着负相关的联系。不同贸易模式如产业间贸易和产业内贸易模式（垂直型和水平型），对贸易伙伴国之间需求和供给变化及世界经济周期波动会产生不同程度的影响。另外，由于南北发展不对称，发达国家的经济波动会引起发展中国家的经济波动，然而发展中国家的经济波动对发达国家的影响却比较有限。考虑到企业异质性以及不同产品类别对经济周期传导机制带来的差异,结合相关产业结构的相似度及产业结构的优化升级,深入贸易品类别及对应企业进行微观的研究具有现实意义。

(二)传导机制之二:金融及投资传导渠道对中国经济与世界经济周期协动性的影响

随着全球金融一体化程度的加快,尤其是全球金融危机爆发之后,国际金融及国际投资传导渠道也成为除国际贸易以外,影响世界经济周期协动性的另一重要因素,包括国际直接投资、国际生产体系下跨国公司的全球化管理以及短期资金流动。其中,国际直接投资通过国际生产体系进一步影响跨国公司的全球化管理,将世界各国的经济运行紧密地联系在一起,进而显著提高世界经济周期的协动性。短期资金流动传导机制随着虚拟经济的迅猛发展变得越来越重要了,短期资金可以通过汇率、利率的波动传导产生物价波动、财富效应以及投资需求的波动,从而对总需求和总产出带来影响,进而完成世界经济周期的传导。

(三)传导机制之三:国际政策协调及国际经济制度对中国经济与世界经济周期协动性的影响

除了国际贸易、国际金融和国际投资的传导渠道以外,区域经济一体化程度、财政政策协调、货币政策协调以及国际经济制度对世界经济周期的协动性也产生了较大的影响。其中,区域经济一体化通过区域边界效应和贸易投资效应产生作用,导致区域内经济周期的协动性增强,同时区域间经济周期的协动性减弱。国际政策协调通过财政和货币政策协调对增强周期的协动性具有显著作用。另外,以多边贸易体制和国际汇率体制为代表的国际经济制度也为世界经济周期协动性的增强发挥着积极作用（宋玉华等，2007）。

三、影响因素的定量分析方法

该部分研究内容是对前两部分内容的进一步深化，在对宏观经济数据研究结果进行分析的基础上，深入产业和产品层面，立足于中国的异质性企业以及不同类别的贸易品，基于中国的工业企业数据和中国贸易企业的海关数据，参考联合国的广义的按经济大类分类（Broad Economic Categories），将贸易品分成消费品、中间品和资本品三大类的分类方法以及联合国贸易数据库（UN Comtrade）的6位码（国际通用）将贸易品进一步细分，构建衡量关键变量的指标，分析影响中国经济与世界经济周期协动性的传导机制及影响因素。运用交叉相关技术（Cross-Correlation）、多种滤波分析法、向量自回归模型（VAR）、系统GMM、断点回归、动态随机一般均衡（DSGE）以及动态因子分解（Dynamic Factor）模型等计量方法，对影响中国经济与世界经济周期协动性的影响机制进行定量研究，主要注重以下两方面的研究：

一方面，对影响中国经济与世界经济周期协动性主要传导机制的理论分析。就理论分析而言，世界各国的经济运行通过跨国经济纽带紧密联系在一起并进行传播，其中的国际贸易传导渠道通过不同的贸易商品、贸易方式、贸易结构、贸易伙伴国的贸易模式和产业结构影响国际经济周期的传导。就中国的情况而言，各种渠道中的具体传导方式对中国经济与世界经济周期协动性的影响大小、主次和程度各不相同，为此，本研究将对其进行区分和深入研究。

另一方面，对影响中国经济与世界经济周期协动性主要传导机制的实证分析。对各种传播渠道的主次程度排序，并将影响因素用动态因子模型分解为世界因子、地区因子、国别因子以及特定因子，能为政策制定提供权重方面的考虑依据，也是本课题的研究价值所在。通过应用总体样本重点考察贸易渠道对中国经济周期与世界经济周期协动性的影响程度，以宏观研究结果为参考，选取适合的计量方法，深入不同行业、不同地区以及不同所有制的子样本，考察贸易渠道对中国异质性企业在经济周期协动性传导机制的影响中是否存在差异，从而引申出可能的政策含义。

现有研究对于影响因素及传导机制的检验一般是通过直接检验所关注变量对目标变量影响的显著性作为影响机制存在与否的判断标准或者可以构建包含所关注变量和目标变量的方程组，再根据各方程中相关变量估计系数间的关系对影响和传导机制进行分析。由于后者更严谨，本课题拟采用多层次方程组来考察影响中国经济与世界经济周期协动性的传导机制。实证研究将由静态模型和动态模型两部分构成：

静态模型设定：

$$Corr(v,s)_{i,j,t} = \alpha_0 + \alpha_1 Trade_{i,j,t} + \varepsilon_1 \qquad 公式（1.2）$$

$$Corr(v,s)_{i,j,t} = \beta_0 + \beta_1 Finance_{i,j,t} + \varepsilon_2 \qquad 公式（1.3）$$

$$Corr(v,s)_{i,j,t} = \beta_0 + \gamma_1 Policy_{i,j,t} + \varepsilon_3 \qquad 公式（1.4）$$

其中，$Corr(v,s)_{i,j,t}$表示两国在 t 时段的周期相关系数，基于经济指标 v（实际 GDP、失业率或其他宏观变量）通过 s 方法（如 HP 滤波去势法、线性去势法等）。$Trade_{i,j,t}$、$Finance_{i,j,t}$和$Policy_{i,j,t}$则分别表示国际贸易渠道、国际金融渠道以及国际政策协调渠道。其中，国际贸易渠道包含双边贸易强度、产业结构相似度、贸易结构相似度、垂直型和水平型产业内贸易。金融渠道包含国际直接投资、国际股票及债券市场综合指数等。国际政策协调指标则主要包含财政政策协调、货币政策协调以及汇率政策协调的衡量指标。财政政策协调的衡量指标可以用财政离散度（戴维斯等，2005）或者政府赤字占 GDP 比重的相关性（Shin 和 Wang，2003）来计量。参照 Shin 和 Wang 的相关研究，货币政策协调的衡量指标可以用货币供应量（广义货币供应量或 M2）增长率的相关系数来表示。汇率政策协调的衡量指标也可以通过构建汇率变化相关系数来描述。

由于静态分析模型通常不能反映变量的滞后效应，不能捕捉时间的动态效应。中国经济与世界经济周期的传导渠道主要通过国际贸易、国际金融及国际政策协调来实现，产业结构的调整及其优化升级也会受到这三个传导渠道的影响。为了进一步深入研究中国国内经济周期波动以及世界经济周期的动态关联情况，该部分的研究采用向量自回归模型（VAR）、格兰杰因果检验、脉冲响应分析、运用交叉相关技术（Cross-Correlation）、多种滤波分析法、动态随机一般均衡（DSGE）以及目前比较前沿的动态因子分解模型（Dynamic Factor）、双重差分以及断点回归等计量方法，定量分析世界共同影响因子、地区共同影响因子以及国家共同影响因子对我国产业结构及世界经济周期关联度的影响程度。动态因子模型包括单层动态因子模型和多层动态因子模型。本研究重点关注多层动态因子模型。由于主流的宏观经济学模型缺乏金融模块（Financial Block），才使得无法预测危机（张晓晶和刘磊，2020）。DSGE

13

模型的局限性在于假定冲击是外生的、给定的，因此不适用于研究宏观分析范式下的金融风险与经济增长。然而，多层动态因子模型能够比较灵活地将金融周期因素与经济周期因素联系起来。以下是主要采用多层动态因子模型研究框架的基本结构。

多层动态因子模型通常采用贝叶斯的动态潜在因子多层次模型的形式进行设定：

$$Y_t^{i,j,k} = a_t^{i,j,k} + b_{World}^{i,j,k} f_t^{World} + b_{Region\,k}^{i,j,k} f_t^{Region\,k}$$

$$+ b_{Country\,j}^{i,j,k} f_t^{Country\,j} + \varepsilon_t^{i,j,k} \qquad 公式（1.5）$$

$$\varepsilon_t^{i,j,k} = \varphi^{i,j,k}(L) \varepsilon_{t-1}^{i,j,k} + v_t^{i,j,k} \qquad 公式（1.6）$$

让 $Y_t^{i,j,k}$ 代表 t 时期，地区 k 中第 j 国的第 i 个变量的增长率，f_t^{world}、$f_t^{Region\,k}$、$f_t^{Country\,j}$ 和 $\varepsilon_t^{i,j,k}$ 分别表示模型中提炼的抽象因子——世界共同因子、地区共同因子、国家共同因子以及序列特异误差项。借鉴 Kose 等人研究中的模型（Kose et al., 2008），其中的地区共同因子还可以替换为按照经济水平发展程度的差异划分的不同经济组，比如发达国家经济组、新兴市场国家经济组以及其他发展中国家经济组。根据研究需要，每一类经济组还可以进一步地划分。这一模型的运用分析领域比较广，还可以类推运用来分析中国国内各个省份、地区以及全国之间的变量因子分解。下面是变量的方程因子分解表达式：

$$Var(Y_t^{i,j,k}) = (b_{World}^{i,j,k})^2 Var(f_t^{world}) + (b_{Region\,k}^{i,j,k})^2 Var(f_t^{Region\,k})$$

$$+ (b_{Country\,j}^{i,j,k})^2 Var(f_t^{Country\,j}) + Var(\varepsilon_t^{i,j,k}) \qquad 公式（1.7）$$

$$波动比率\quad (f_t^{World}) = \frac{(b_{World}^{i,j,k})^2 Var(f_t^{World})}{Var(Y_t^{i,j,k})} \qquad 公式（1.8）$$

其中某一因子对被解释变量进行方差因子分解后的解释比率可以按

照上面公式（1.8）类推计算。这些衡量指标在构建的每个环节都通过马尔科夫蒙特卡洛算法（Markov Chain Monte Carlo，MCMC）估计参数并且对它们的后验分布反映出不确定性的量级。

目前的一个研究热点是对基本动态因子模型的具有 Markov（马尔科夫）体制转换的动态因子模型（Markov system. transformed Dynamic Factor Model，简称 MS-DFM）。Siebold 和 Rudenbusch（1996）率先研究了 MS-DFM，具体的模型形式可以简化为以下式子（高华川和张晓峒，2015）：

$$X_t = \Lambda F_t + e_t \qquad 公式（1.9）$$

$$B(L)(F_t - \mu_{s_t}) = \varepsilon_t \qquad 公式（1.10）$$

其中，公式（1.10）中的一维因子 F_t 的均值由离散状态变量 s_t 控制，服从以下的 Markov 链过程：

$$P(s_t = j | s_{t-1} = i, s_t = k, \cdots\cdots) = P(s_t = j | s_{t-1} = i)$$

$$= p_{it} \qquad 公式（1.11）$$

MS-DFM（Markov system. transformed Dynamic Factor Model）从宏观经济信息集合中提取了包含经济变量协同变动信息的共同因子，通过允许因子服从 Markov 转换自回归过程来捕捉经济波动的区制变化特征。

从应用的角度来说，动态因子模型的实时应用是经济学领域"永恒"的研究热点，尤其是有助于经济活动的实时监测预警分析以及经济调控政策的选择研究。

在现有研究对动态因子模型的应用方面融入空间计量思维能够更精准地从时间和空间上定位空间溢出效应的源头与路径。对于政策制定者而言，多层次动态因子模型的空间计量分析结果具有较强的政策导向性和针对性，主要运用 geoda 软件提供的许多探索性空间数据分析程序能够帮助政策制定者定位经济周期的波动来源以及空间溢出效应的路径，从而有效地调控政策的实施效果。

本课题在对中国经济与世界经济周期协动性传导机制进行考察的基础上，进一步探究经济周期协动性、产业机构优化升级以及宏观经济政策协调三者之间的影响机理及福利效应。一方面更新中国在新常态经济下对世界经济的影响以及二者的协动性，另一方面为提高中国企业在新常态下协调中国经济周期与世界经济周期，改善出口结构以及贸易转型升级提供相应的建议。与此同时，对金融及投资渠道以及政策协调渠道的影响也将为中国的金融市场改革以及汇率政策的改革提供新思路，从改善贸易出口结构的方面，对相关金融政策的改革措施进行评估，为及时调整相关政策提供决策参考。

综合已有的研究成果可知：动态因子模型的应用研究主要侧重以下五个方面：

第一，基于高维混频的动态因子模型构建准确、及时反映中国总体经济周期波动性的综合经济指标或指数，从而为央行等宏观经济调控机构制定经济政策提供依据。比如，基于状态空间分层的动态因子模型可以用于构建中国省级居民消费价格指数，通过分析其波动特征，为政策制定者提供有价值的数据参考。

第二，充分考虑到中国在新常态经济的转型时期出现结构调整的特殊性以及在世界经济中逐步由经济大国向经济强国发展的新时代特征，建立具有 Markov 体制转换或时变参数的非线性动态因子模型和多层次动态因子模型，从而揭示经济系统中存在的多体制、多层次的共同驱动因素，深化对我国经济增长质量和波动性的实证分析。

第三，结构动态因子模型的推进能够帮助识别、驱动总体经济活动的共同经济动因及其经济机理，从而为新常态下中国经济发展的政策选择奠定理论基础（高华川和张晓峒，2015）。

第四，动态因子模型还被运用于房价结构突变的测度，通过构建针对多维时间序列数据结构突变检验的动态因子模型，可以分别从整体和城市两个角度对中国房价结构突变进行实证检验，进而从时间和空间两个方向分析房价突变的特征，为房价波动的异质性提供新证据（李伟军和王敬勇，2015）。

第五，广义动态因子模型在景气指数构建中的应用可以用于分析中国的金融周期。通过应用广义动态因子模型分析中国的货币、信贷、利率等子周期，并在此基础上构建中国金融周期景气指数，分析中国金融周期波动与重要宏观经济指标间的动态关系（韩艾等，2010）。

除此以外，目前比较前沿的研究方向是通过引入多层次动态因子模型的研究框架，为侧重研究战略性新兴产业与传统型产业的耦合促进机制以及在此基础上进一步促进战略性新兴产业国际化发展的相关政策提出研究新思路。

四、研究目标

第一，在开放经济中同时建立了国内和国际两个模型，结合国内国际双循环相互促进的发展模式，从宏观层面深入探讨微观传导机制，揭示中国经济与世界经济周期协动性的微观传导机制，在考虑中国企业异质性、贸易产品类别、金融资产类型以及经济在险增长的基础上，从而进一步丰富有关中国经济与世界经济周期协动性的理论及实证研究。

第二，分别评估国际贸易、国际金融、国际投资以及国际政策协调等不同传导渠道的溢出效应对中国经济与世界经济周期协动性的影响程度以及传导机制，分析产业结构调整、加快金融改革、提高企业的贸易融资能力对中国经济发展的促进作用。

第三，基于理论和实证研究，运用静态模型和动态模型相结合的方法，分析多层次动态因子模型的溢出效应中世界共同影响因子、地区共同影响因子、国家共同影响因子对经济周期传导机制的影响，提出相关的政策建议，从而促进中国企业出口结构的升级，实现中国经济持续稳定的发展。

五、关键科学问题

第一，选取衡量主要传导渠道的变量，恰当提炼和刻画宏观新范式下的金融风险、经济在险增长以及宏观金融关联，在模型构建的过程中注重"金融因素"的影响，并将金融周期与经济周期波动联系起来。在此基础上研究宏观经济政策协调对产业结构优化升级的作用，探寻最优政策组合。

第二，深入分析贸易传导渠道对经济周期协动性的影响，从宏观数据到产业及产品层面的研究过程中，将数据进行整合和深度挖掘，将具体的贸易品类别和相关的产业进行匹配，选取符合研究目标的研究对象，为多层次衡量中国经济与世界经济周期协动性的微观传导机制打下数据基础。

第三，综合运用与衡量指标相关的静态模型及多层次动态因子模型，将具体的衡量变量指标与抽象的政策变量进行匹配。在国内国际双循环背景下分别建立国内模型与国际模型。借鉴 Kose（2008）的多层动态因子模型、Moench 等（2011）的多层静态因子模型以及杨子晖和田磊（2013）的三层静态因素模型，国际版模型的抽象因子可提炼为世界共同因子、地区共同因子、国家共同因子以及序列特异误差项，国内版的抽象因子可提炼为全国共同因子、地区共同因子、省份共同因子以及序列特异误差项。对不同层次因子的影响因素进行回归分析的实证结果能为相关政策的适用范围提供参考依据。

第三节 研究方法

根据前面所述的研究内容及目标，本研究将遵循问题具体现实化、研究方法规范化以及研究视野国际化的原则，综合理论及实证分析，采取多种研究方法，取长补短，多维度多层次分析问题，积极推进研究进程。具体而言，本研究主要通过多层次动态因子模型的分析，考察经济周期协动性、产业结构优化升级与宏观经济政策协调三者间的影响机理及福利效应这一科学问题。具体方案如下：

一、文献研究及数据整理

首先，本课题研究从文献研读及梳理开始，对现有文献资料进行研究、总结及分析，建立以理论为基础的科学研究标准，为构建合适的理论研究框架打基础。文献检索和资料收集的方法主要包括查阅现有权威学术期刊、学术书籍、知网及其他网络资源，也包括与相关领域专家学者进行交流。有关中国经济周期、国际经济周期、世界经济周期以及经济周期协动性的相关研究文献非常丰富，需要在梳理总结的基础上，从新时代中国经济及中国对外贸易企业面临的机遇和挑战出发，提炼课题研究的创新点，从而升华到课题研究的理论价值和现实意义。

对统计数据的整理是为了对特征事实和实证研究做准备。一方面，宏观的数据包括 EIU 全球宏观数据库、环亚经济数据有限公司 CEIC 数据库、Penn World Table（佩恩表）、万德 Wind 数据库、世界银行 WDI 和 IMF 的 IFS 数据库，需要根据研究目标进行选取和组合。另一方面，产业层面及微观层面的数据来源于国家统计局、中经网统计数据库、国研网的战略性信息产业数据库、"1998—2007 的中国工业企业"和"2000—2006 的海关进出口企业"以及后来新增的"2007—2009、2010—2012、2013—2019 以及 2020 年的海关进出口企业"的大样本数据。由于这些原始数据在统计方面比较粗糙，存在诸如统计误差、指标缺失、内容重复及内容不完整等问题，因此，在使用前将结合本研究的需要根据权威方法对数据进行全面整理。另外，由于各个数据库的来源不同，也将根据诸如企业名称和电话号码等公共字段名进行合并处理。

二、中国的产业结构调整与经济周期波动的特征事实

中国经济发展大致可以分为改革开放前和改革开放后两个阶段，在

不同阶段，产业结构及经济周期呈现明显不同的特征。鉴于经济周期长短划分方法不统一，综合考虑不同方法的优点和缺点，可大致分为短周期、中周期和长周期，运用"波谷—波峰"方法、HP滤波、时间趋势平稳、ARMA趋势平稳等趋势分析方法对中国GDP增长变化序列、第一产业、第二产业及第三产业的变化发展情况进行趋势分析，并在考察中国经济运行特征事实的基础上，以产生经济周期波动的内生冲击和外生冲击及传导机制作为主线，研究中国经济周期运行的轨迹及变化规律。对1978年至2020年的农业、工业以及服务业的产业总值与国内生产总值的相关关系进行详细分析，深入理解我国产业的发展趋势和不同产业占国民经济的比重变化。

对中国与区域经济体及世界经济周期特征事实进行研究。一方面，运用协整关系分析、格兰杰因果检验、VAR模型二阶差分的脉冲响应等方法分别对中国与美墨加协定、欧盟经济体以及东亚经济体的波动相关性进行分析，抓住长期变化规律并讨论中国因素的重要程度，从而为制定减小外部冲击影响，促进中国与各个区域经济体之间互惠共赢的贸易金融政策打基础。另一方面，从世界的视角出发，以"一带一路"为重点，通过科学运用计量分析，对中国与世界经济周期的协动性展开全面系统的研究，考察中国经济与世界经济波动的相互关系及其变动规律具有的重要战略意义。

中国的产业结构变化按照三次产业结构调整转型的情况大致可以划分为三个阶段：第一阶段是从1978年改革开放到1991年；第二阶段是从1992年（邓小平南方谈话）到2007年；第三阶段是从2008年（全球金融危机）至今。本部分的研究通过分析第一产业、第二产业以及第三产业在这三个不同阶段的就业弹性(就业增长率和经济增长率之比)、产业结构偏离度(各产业的增加值比重与其对应的劳动力的比重相异程度)、产业贡献率(产业增量/GDP增量)以及产业拉动力(产业贡献率×GDP增长率)的变化情况,总结中国产业结构调整与经济周期波动的特征事实。并纳入"产业结构合理化"以及"产业结构高级化"的测度结果进行分析,研究中国的产业在全球价值链中嵌入高端价值环节的程度。

三、中国经济周期运行及其与世界经济周期协动性的理论研究

理论模型的构建是本研究项目的核心内容之一。作为后续实证研究的理论基础,模型的构建基于产业发展理论和世界经济周期传导机制的经典研究理论,并结合企业异质性理论构建理论模型。理论的创新主要体现在三个方面:首先,是在对宏观数据分析的基础上深入产业及产品层面,运用含有异质性企业元素的中国海关数据;其次,是在理论模型中引入不同类别的贸易品,从联合国贸易数据库(UN Comtrade)中搜集并整理各国按照BEC标准分类以及HS 6位码(国际通用标准码)的贸易品数据作为衡量经济协动性的指标;最后,是通过结合静态相关性指标的回归模型以及借鉴Moench(2011)嵌套动态因子模型和Kose(2008)的多层动态因子模型构建的多层次多维度动态因子模型进行比较分析,让两者能够取长补短。

对于模型建立的假设,主要由以下几部分构成:从基本的两国模型出发,假设模型中存在两个国家,本国H和外国F,每个国家都存在家

庭、生产以及政府三个部门。家庭在劳动市场上提供劳动并获得工资收入，与此同时，因为持有上一期的债券和储蓄而获得利息收入。个人获得收入后一部分用于消费，一部分用于通过银行贷款给国内外的企业。生产部门可以按照行业和产品的类型进行划分。政府通过税收和铸币税支付开支并制定财政政策和货币政策用于进行国内和国际的经济协调。在此基础上，模型将借鉴邵宇佳和刘文革（2020）的研究，从两国模型拓展到三国动态理论模型，再到非对称冲击模型，循序渐进地建立模型，逐步将国际贸易、国际金融、国际投资以及国际政策合作等经济周期传导渠道引入模型。

结合国内国际双循环的发展模式，分别构建国内模型和国际模型两个研究框架。在两国模型的基础上探讨世界经济周期的传导及生成机制，从内部冲击开始，即从世界经济体系内部的、国与国之间同一部门或不同部门之间经济的相互影响开始。一层冲击是在一国内各个经济总量之间、各经济部门之间的传导；另一层传导则是世界经济周期形成过程中由于国家之间的多重经济联系使得一国的经济波动向另一国经济扩散的过程。世界经济周期的生成机制可以用"外部冲击—传导机制"来概括。从两国基本模型扩展到多国模型，理论模型的构建有助于深入分析外部冲击的溢出效应，并可探寻动态因子模型与动态随机一般均衡模型之间的契合点，为实证研究结论的科学性打基础。

四、中国经济周期运行及其与世界经济周期协动性的实证研究

现有研究对于影响因素及传导机制的检验，一般是将直接检验所关

注变量对目标变量影响的显著性作为影响机理存在与否的判断标准或者可以构建包含所关注变量与目标变量的方程组，再根据各方程相关变量估计系数间的关系对影响和传导机制进行分析。由于后者更严谨，本课题拟采用多层次方程组来考察影响中国经济和世界经济周期协动性的传导机制。实证研究将由静态模型和动态模型两部分构成。

由于静态分析的计量模型通常不能反映变量的滞后效应，不能捕捉时间的动态效应。由于中国与世界经济周期的传导渠道主要通过国际贸易、国际金融及国际政策协调来实现，产业结构的调整也会受到这三个传导渠道的影响。为了进一步深入研究经济全球化、新常态经济及"一带一路"背景下，中国的产业结构优化升级与国内经济周期波动以及世界经济周期的动态关联情况，该部分的研究采用向量自回归模型（VAR）、格兰杰因果检验、脉冲响应分析、运用交叉相关技术（Cross-Correlation）、多种滤波分析法、动态随机一般均衡（DSGE）以及目前比较前沿的动态因子分解模型（Dynamic Factor）、双重差分以及断点回归等计量方法，定量分析世界共同影响因子、地区共同影响因子、国家共同影响因子以及省份共同影响因子对我国产业结构优化升级及经济周期关联度的影响程度。

稳健性检验及敏感性分析：当完成基本估值之后，模型将通过改变衡量变量的数据处理方法来检验模型的稳健性。首先是对静态模型中用于衡量经济周期协动性的变量分别采用 HP 滤波去势、线性去势等方法后再对结果进行比较。其次是对模型中经济周期划分年份选取、划分长度进行对比，并对包含经济危机的年份进行剔除后对比结果是否有比较大的改变。再次是在动态因子分解模型中，借鉴 Kose 等（2008）的研究成果，稳健性检验可以从以下三方面检验模型的敏感性来实现：第一，对国家组成员的多重选择进行检验和比较分析，通过在每一个国家组中选择更小的分组提取共同因子，这一检验是为了更准确地揭示和定位国家组因子，将特定国家组产生的影响因子干扰从共有因子中分离出来；第二，考察用统计计量模型得到的结果来检验每一个国家的情况是否符合模型从统计均值的角度计算得到的结果，可以通过对样本中的每一个国家进行多层动态因子分解来完成；第三，对全球性经济危机影响的处理，考虑到全球性经济危机对世界经济体的广泛影响，使得所有因子对经济变量的解释能力整体地提高，为了排除这一干扰，可以通过加入代表危机的 dummy variable 重新对模型进行估计。

五、协调中国国内经济周期以及中国与世界经济周期的相关政策建议

在总结理论与实证研究结果的基础上，该部分内容会提出协调中国国内经济周期以及中国与世界经济周期的政策建议。通过动态因子模型的计量分析，本研究分别从全球层面、全国层面、产业层面、企业层面以及产品层面进行多维度拓展，并结合前沿的政策研究方法，比如断点回归、双重差分、合成控制等方法为新时代产业结构优化、乡村振兴战略及防范全球性金融风险提供政策参考。

关键技术说明：

（1）关键变量衡量指标的选取：这是本项目研究的一个重点。首先，经济周期指标变量的选取是否能够抓住经济周期的变化规律，体现经济周期运行状况和宏观经济变量的变动特征，需要遵循周期指标

的评价标准。评价标准主要是从经济上的重要性、统计上的充分性、对周期强度的要求、周期方向的一致性、序列的平滑性以及数据的及时性这 6 个方面进行考量。比如，对经济周期协动性的衡量，通常对 GDP、工业产出、就业、失业等关键宏观经济变量做相关性系数分析（Correlations）；双边贸易强度指标的选取和衡量方法也有不同的形式：只与国际贸易有关的指标或者只与名义 GDP 相关的指标，根据研究的侧重点，可以将多种指标进行替换代入模型进行稳健性检验及敏感性分析。

对于国际政策协调衡量指标的构建：其中，对于财政政策合作可以借鉴戴维斯等（2005）所采用的"财政离散度（或趋同度）"来进行衡量：

$$Fiscal\ Diverege_{i,j,t} = 0.1 * \sum_t (|Budg_{it} - Budg_{jt}|) \qquad 公式\ (1.12)$$

其中，$Budg_{it}$ 表示对应的时点 t 以占 i 国名义 GDP 百分比表示的一国财政预算盈余或赤字，并用 10 年 t 数据计算其平均值。当 $Fiscal\ Diverege_{i,j,t}$ 的值随着时间推移逐渐增大时，两国的财政状况的平均水平也在拉大。

（2）动态影响因子的提取：在动态因子模型中对于世界共同影响因子、地区共同影响因子及国家共同影响因子这三个不同层次因子的提取，需要通过动态因子模型中的前期有效筛选过程来完成。证明世界共同因子存在与否就是该部分的分析重点，可以通过比较加入世界共同因子与省略世界共同因子这两种情况得到的不同结果进行分析，如果省略世界共同因子之后，地区共同因子解释目标变量方程分解结果的比重显著上升，则可以得到引起目标变量地区共同因子解释能力上升的重要原因是世界共同因子的驱动，从而证明世界共同因子的存在。同时，对于全球因子的提取可以对比"以美国主导式"和"自下而上提取式"。另外，为了更加准确地辨析特定地理区域或特定经济类型国家的共同因子，可以对国家组成员的多重选择进行检验和比较分析，通过在每一个国家组中选择更小的分组提取共同因子，这一检验是为了更加准确地揭示和定位国家组因子，将特定国家组产生的影响因子干扰从共有因子中分离出来。

（3）对于内生性问题的处理：大量研究表明，贸易传导对于经济周期协动性的影响呈现显著的正相关关系。一方面，贸易的发展能够提高各国经济周期的协动性，从而形成世界经济周期；另一方面，国家之间经济周期协动性的提高也可以反过来促进贸易强度的提高。因此，存在内生性问题。对于这样由于双向因果关系而导致的内生性问题，现有文献一般通过取解释变量（贸易强度）滞后一期来解决。然而，这种方法只能暂时缓解内生性带来的估计问题，最好的方法是寻找工具变量（Dées，Stéphene 和 Nico Zorell，2012）。

$$BT1_{i,j,t} = ln \frac{(X_{i,j,t} + M_{i,j,t})}{(X_{i,t} + X_{j,t} + M_{i,t} + M_{j,t})} \qquad 公式（1.13）$$

$$BT2_{i,j,t} = ln \frac{(X_{i,j,t} + M_{i,j,t})}{(Y_{i,t} + Y_{j,t})} \qquad 公式（1.14）$$

由于静态分析模型通常不能反映变量的滞后效应，不能捕捉时间的动态效应。中国与世界经济周期的传导渠道主要通过国际贸易、国际金融及国际政策协调来实现，产业结构的调整及其优化升级也会受到这三个传导渠道的影响。为了进一步深入研究中国国内经济周期波动以及世界经济周期的动态关联情况，该部分的研究采用向量自回归模型

（VAR）、格兰杰因果检验、脉冲响应分析、运用交叉相关技术（Cross-Correlation）、多种滤波分析法、动态随机一般均衡（DSGE）以及目前比较前沿的动态因子分解模型（Dynamic Factor）、双重差分以及断点回归等计量方法，定量分析世界共同影响因子、地区共同影响因子以及国家共同影响因子对我国产业结构及世界经济周期关联度的影响程度。由于主流的宏观经济学模型缺乏金融模块（Financial Block），才使得无法预测危机（张晓晶和刘磊，2020）。DSGE模型的局限性在于假定冲击是外生的、给定的，因此不适用于研究宏观分析范式下的金融风险与经济增长。然而，多层动态因子模型能够比较灵活地将金融周期因素与经济周期因素联系起来。以下是主要采用的多层动态因子分解模型研究框架的基本结构。

贝叶斯动态潜在因子模型设定（国际版模型）：

$$Y_t^{i,j,t} = a_t^{i,j,k} + b_{World}^{i,j,k} f_t^{World} + b_{Region\ k}^{i,j,k} f_t^{Region\ k} + b_{Country\ j}^{i,j,k} f_t^{Country\ j} + \varepsilon_t^{i,j,k} \qquad 公式（1.15）$$

$$\varepsilon_t^{i,j,k} = \varphi^{i,j,k}(L)\varepsilon_{t-1}^{i,j,k} + v_t^{i,j,k} \qquad 公式（1.16）$$

让 $Y_t^{i,j,k}$ 代表 t 时期，地区 k 中第 j 国的第 i 个变量的增长率，f_t^{World}、$f_t^{Region\ k}$、$f_t^{Country\ j}$ 和 $\varepsilon_t^{i,j,k}$ 分别表示模型中提炼的抽象因子——世界共同因子、地区共同因子、国家因子以及序列特异误差项。借鉴 Kose 等人研究中的模型（Kose et al., 2008），其中的地区共同因子还可以替换为按照经济水平发展程度的差异划分的不同经济组，比如发达国家经济组、新兴市场国家经济组以及其他发展中国家经济组。根据研究需要，每一类经济组还可以进一步地划分。这一模型的运用分析领域比较广，还可以类推，运用来分析中国国内各个省份、地区以及全国之间的变量因子分解。下面是国际版模型中变量的因子分解表达式：

$$Var(Y_t^{i,j,k}) = (b_{World}^{i,j,k})^2 Var(f_t^{world}) + (b_{Region\,k}^{i,j,k})^2 Var(f_t^{Region\,k})$$
$$+ (b_{Country\,j}^{i,j,k})^2 Var(f_t^{Country\,j}) + Var(\varepsilon_t^{i,j,k}) \quad 公式（1.17）$$

$$波动比率 \quad (f_t^{World}) = \frac{(b_{World}^{i,j,k})^2 Var(f_t^{World})}{Var(Y_t^{i,j,k})} \quad 公式（1.18）$$

其中某一因子对被解释变量进行方差因子分解后的解释比率可以按照上面的公式（1.18）类推计算。这些衡量指标在构建的每个环节都通过马尔科夫蒙特卡洛算法（Markov Chain Monte Carlo，MCMC）估计参数并且对它们的后验分布反映出不确定性的量级。其中对经济变量 Y 的选取可以根据模型研究的经济层面及研究目标进行灵活的选取。对于宏观层面动态因子分解的研究变量 Y 的选取可以考虑包含以下宏观经济指标的增长率：实际产出 RGDP、在险增长（Growth at Risk，GaR）（张晓晶和刘磊，2020）、第一产业的产值 P、第二产业的产值 S、第三产业的产值 T、CPI、PPI、收入、就业、国内消费、国内投资、出口、进口、财政收入、财政支出等宏观经济序列，其中既有实体经济的衡量指标又有价格等虚拟经济的衡量指标，能够比较全面地反映经济活动的全貌。在此基础上可以对贸易品类别、金融资产类型、产业结构的内容进行细分。

在险增长（Growth at Risk，GaR）作为宏观金融关联（Macro-Financial Linkages）的重要指标，顺应本轮国际金融危机以来世界经济发展的趋势和变化。国际货币基金组织的旗舰报告之一《全球金融稳定报告》，其分析框架就建立在宏观金融关联分析之上，关注金融部门和宏观经济增长与稳定之间的关联，特别是金融部门如何传播和放大冲击。宏观金融关联试图将金融与宏观经济、实体经济结合起来进行研究。(张晓晶和刘磊,2020)。

另外,由于当前的国际货币体系依然是以美元为中心的模式,处于不同经济发展水平及位置的国家所面临的内外部冲击存在较大差异,本研究将在一个非对称的国际模型中考虑不同组合的宏观经济政策协调对平抑经济周期波动及促进产业结构优化升级的效果。

贝叶斯动态潜在因子模型设定(国内版模型):

$$Y_t^{i,j,k} = a_t^{i,j,k} + b_{National}^{i,j,k} f_t^{National} + b_{Region\ k}^{i,j,k} f_t^{Region\ k} + b_{Province\ j}^{i,j,k} f_t^{Province\ j} + \varepsilon_t^{i,j,k}$$

公式(1.19)

$$\varepsilon_t^{i,j,k} = \varphi^{i,j,k}(L)\varepsilon_{t-1}^{i,j,k} + v_t^{i,j,k}$$

公式(1.20)

让 $Y_t^{i,j,k}$ 代表 t 时期,地区 k 中第 j 国的第 i 个变量的增长率,$f_t^{National}$、$f_t^{Region\ k}$、$f_t^{Province\ j}$ 和 $\varepsilon_t^{i,j,k}$ 分别表示模型中提炼的抽象因子——全国共同因子、地区共同因子、省份共同因子以及序列特异误差项。其中,地区共同因子主要考虑粤港澳大湾区、长三角以及京津冀三大区域对产业结构优化升级的作用。

$$Var(Y_t^{i,j,k}) = (b_{National}^{i,j,k})^2 Var(f_t^{National}) + (b_{Region\ k}^{i,j,k})^2 Var(f_t^{Region\ k}) + (b_{Province(city)j}^{i,j,k})^2 Var(f_t^{Province(city)j}) + Var(\varepsilon_t^{i,j,k})$$

公式(1.21)

$$\text{波动比率}\quad (f_t^{National}) = \frac{(b_{National}^{i,j,k})^2 Var(f_t^{National})}{Var(Y_t^{i,j,k})} \quad \text{公式}(1.22)$$

对于产业或产品层面的动态因子分解模型的研究,可以考虑将宏观模型中的宏观经济指标序列替换成第一产业、第二产业或第三产业的中国工业企业和海关进出口企业中对应的某一产业或某一产品的进口额和出口额等进行研究,从而将具体变量分解为世界共同影响因子、地区共同影响因子、国家共同影响因子以及序列特异误差项这些抽象变量，对产业及贸易政策制定的使用范围具有指导意义。作为政策制定者或者企业的管理者，都可以从不同的角度对模型的结果进行解读，从中获得有价值的信息。

在此基础上，借鉴贾俊雪（2008）的研究框架，为进一步考察我国的经济周期波动的省份特征及其影响因素，本研究主要考虑4类因素变量以刻画各省份的经济特征：一是各省份相对人均产出水平（PCY），即各个省份人均产出与北京或上海人均产出的比值，用以度量各省份的相对收入水平；二是各省份政府支出比率（G），即政府支出与产出的比值，用以度量各省份的政府规模；三是各省份工业增加值的比值（Ind），即工业增加值与产出的比值，用以度量各省份的工业化水平；四是各省份产出增长标准差（Vol），用以衡量各省份产出增长波动性。以上述这4个经济特征变量作为解释变量，以全国、地区、省份动态因子和特异因子对省份经济产出、投资以及消费增长方差的相对贡献分别作为被解释变量进行回归，以揭示各个经济特征变量与各个因子方差贡献的相互关系。

在选取各种因素对省份经济增长波动的相对贡献与经济特征变量的回归中，本研究也将尝试揭示其他变量，如全要素增长率、技术进步率、效率变化率、开放度（进出口总额与产出比率）和地区人口等。

这一部分的研究拟解决以下几个关键科学问题：

第一，数据问题。比如，数据序列断裂化，即数据标准不断变化，缺少系统说明；公开数据短期化，即缺少历史积累；数据存储零散化，即不利永久保存；数据来源差异化，即不利数据比较；数据内容离散化，即不利发挥综合价值。

第二，从宏观数据到产业及产品层面的研究过程中，如何将数据进行整合和深度挖掘，选取符合研究目标的研究对象，为多层次衡量新冠疫情对中国经济与世界经贸影响的微观传导机制打下数据基础。

第三，综合运用与衡量指标相关的静态模型及多层次动态因子分解模型，将具体的衡量变量指标与抽象的政策变量进行匹配。借鉴 Kose（2008）的多层动态因子模型、Moench 等（2011）的多层静态因子模型以及杨子晖和田磊的三层静态因素模型，抽象因子可提炼为世界共同因子、地区共同因子、国家共同因子以及序列特异误差项。在考虑空间溢出效应的情况下，实证结果能为相关政策的适用范围提供参考依据。

本研究采用国内外先进的计量模型及研究方法，并在此基础上根据研究目标进行改进，并将数量统计、定量分析和定性分析巧妙结合起来，层层深入递进，使得整体研究方案具有可操作性、科学性和领先性。协整关系分析、格兰杰因果检验、VAR 模型二阶差分的脉冲响应、多种滤波分析法、向量自回归模型（VAR）、系统 GMM、DSGE 模型、空间计量分析模型（geoda 软件提供的许多探索性空间数据分析程序）、断点回归以及动态因子分解（Dynamic Factor）模型等方法也已广泛应用于研究中。经过几十年的发展，对于国别及世界经济周期的探讨发展迅速，国内外在理论和实践方面都逐步形成比较规范的理论体系和研究方法，为本课题的研究提供了良好的理论和实践支持。

对于动态影响因子的提取应当注意以下几点：在动态因子模型中对于世界共同影响因子、地区共同影响因子及国家共同影响因子这三个不同层次因子的提取，需要通过动态因子模型中的前期有效筛选过程来完成。证明世界共同因子存在与否就是该部分的分析重点,可以通过比较加入世界共同因子与省略世界共同因子这两种情况的得到地不同结果进行分析,如果省略世界共同因子之后,地区共同因子解释目标变量方程分解结果的比重显著上升,则可以得到引起目标变量地区共同因子解释力上升的重要原因是世界共同因子的驱动,从而证明世界共同因子的存在。同时,对于全球因子的提取可以对比"以美国主导式"和"自下而上提取式"。另外,为了更加准确地辨析特定地理区域或特定经济类型国家的共同因子,可以对国家组成员的多重选择进行检验和比较分析,通过在每一个国家组中选择更小的分组提取共同因子,这一检验是为了更准确地揭示和定位国家组因子,将特定国家组产生的影响因子干扰从共有因子中分离出来。

第四节 创新之处

一、本研究具体细致地分析了经济周期协动性的传导机制及其对产业结构优化升级的影响机理及福利效应

本研究在开放经济中同时建立了国内和国际两个模型,结合国内国际双循环相互促进的发展模式,从宏观层面深入探讨微观传导机制,进一步分析不同层次的影响因素对经济周期传导机制的影响程度,深入探讨世界经济周期协动性对于中国的产业和产品层面的影响,研究视角具有新颖性。与此同时,通过揭示影响中国经济与世界经济周期协动性的

微观传导机制，在考虑中国企业异质性、贸易产品类别、金融资产异质性以及金融经济周期的基础上，分别评估国际贸易、国际金融和投资以及政策协调对中国的国内经济以及中国经济与世界经济周期协动性的影响程度和传导机制，从而判断产业结构调整、加快金融体制改革、提高企业的贸易融资能力对中国经济发展的促进作用。因此，分析结果更具有现实意义。

二、本研究将多层动态因子模型进行拓展，探讨不同层次的波动特征的影响因素及其与具体变量之间的关系

运用静态模型和动态模型相结合的方法，综合多重指标，进行多维度全方位的分析，从而找到具体变量、抽象变量和政策变量相匹配的契合点。在世界经济发展不确定性日益增强的今天，通过动态因子模型的理论和实证研究分别从全球层面、全国层面、产业层面、企业层面以及产品层面进行多维度拓展，不仅能够为中国与世界其他经济体之间的产业政策、货币政策、汇率政策及贸易政策协调提供相关的政策建议，而且对于政策制定者而言，多层次动态因子模型的计量分析结果具有较强的政策导向性和针对性。

三、本研究分析了一个非对称的国际模型来考察宏观经济政策协调对平抑经济周期波动及促进产业结构优化升级的效果

由于当前的国际货币体系依然是以美元为中心的模式，处于不同经济发展水平及位置的国家所面临的内外部冲击存在较大差异，有必要区分不同类型的内外部冲击对不同经济体的影响。因此，本课题将在一个

非对称的模型中考虑不同组合的宏观经济政策协调对平抑经济周期波动及促进产业结构优化升级的效果。

四、本研究将"金融因素"纳入理论与实证模型中，从而将金融与宏观经济、实体经济结合起来进行研究

在考虑宏观新范式下的金融风险、经济在险增长以及宏观金融关联的前提下，本课题在模型构建的过程中注重"金融因素"的影响，并将金融周期与经济周期波动联系起来。有助于国内金融市场改革、金融资源的合理配置以及利率市场化更好地权衡利弊得失，为实现国民经济快速健康持续的发展做贡献。本课题将进一步丰富有关中国经济与世界经济周期协动性的理论及实证研究。

首先，基于特征事实，从宏观数据及微观大数据入手，深入探讨问题，并融入空间计量经济学的分析思维，研究视角具有新颖性。

其次，本研究所涉及的衡量传播渠道的变量选取更加全面，更接近现实的情况，因此，分析结果更具有现实意义。在现有研究对动态因子模型的应用方面融入空间计量思维能够更精准地从时间和空间上定位空间溢出效应的源头与路径。对于政策制定者而言，多层次动态因子模型的空间计量分析结果具有较强的政策导向性和针对性，主要运用geoda软件提供的探索性空间数据分析程序能够帮助政策制定者比较精准地定位经济周期的波动来源以及空间溢出效应的路径从而有效地调控政策的实施效果。

再次，基于理论和实证研究，运用静态模型和动态模型相结合的方法，融入空间计量经济学的分析方法，提出相关的政策建议。另外，对

于多层多维动态因子的应用：综合多重指标，进行多维度的全面分析，从而找到具体变量、抽象变量和政策变量相匹配的契合点。

研究数据包括：

Self-collected data 自我收集数据：中国与全球的贸易与投资数据

Data Requested data on CDL data list 项目方提供数据：

Base maps (province, prefecture and county)：COVID-19 Cases with-Basemap

Census data (province, prefecture and county)

Statistics (province, prefecture and county)：COVID-19 Stats Analysis

Virus reports from govt (country, province and city)：COVID-19 Daily Cases

Daily floating population data

Migration data from census

Health facility data

Policies and regulations

Data from other sources 其他数据来源：WTO，IMF，WB

其中，对于数据的搜集及准备，项目申请人及成员已拥有大部分的宏观数据、中观数据以及微观数据，包括 EIU 全球宏观数据库、环亚经济数据有限公司 CEIC 数据库、Penn World Table（佩恩表）、世界银行 WDI 和 IMF 的 IFS 数据库，需要根据研究目标进行选取和组合。产业层面及微观层面的数据来源于国家统计局、Wind 数据库、中经网统计数据库、国研网的战略性信息产业数据库、"1998—2007 年的中国工业企业数据""2008 年的全国普查数据"和"2000—2006 年的海关进出口企业数据"以及后来新增的"2007—2009年、2010—2012年、2013—2015年以及2016年的海关进出口企业"的大样本数据。所在的中央财经大学国际经济与贸易学院已经购买了最近几年更新的海关数据库"2007—2016年的中国海关进出口企业"的大样本数据。2017年及更新的数据正在努力获取中,可以通过中经网数据库、国家统计局的数据库以及商务部网站的数据库整理后获取。

在主持国家自然科学基金青年项目的过程中,申请人已经对大部分宏观数据和微观数据进行了比较细致的整理,并在持续更新宏观经济数据库的同时,正在对新增的"2007—2016年中国海关进出口企业"层面数据进行整理并与2000—2006年的数据进行全面的整合,为该课题顺利开展研究奠定良好的数据基础。

同时,哈佛研究项目还对数据处理的"工作流"(Workflow)方式进行了相关的培训,以提高工作效率并通过使用便捷的技术工具解决数据处理的技术难题。主要使用和强烈推荐的软件是KNIME软件的"工作流"(Workflow)方式。当我们提到"KNIME"这个词时,一般来说我们在指"KNIME Analytics Platform"这个开源软件。其工作原理和长项就是其强大的数据和工具的集成能力:不仅仅能做常规数据分析,还能处理大数据——与第三方的大数据框架集成其通过大数据组件的扩展(Big Data Extension)能够方便地和Apache的Hadoop和Spark等大数据框架集成在一起。KNIME支持的数据格式较多,不但支持纯文本、数据库、文档、图像、网络,甚至还支持基于Hadoop的数据格式。KNIME还支持多种数据分析工具和语言,包括支持R语言和Python语言,并有强大的可视化功能。它提供了易于使用的图形化接口,能够把分析结果通过生动形象的图形展示给用户。最重要的是还可以支持 AI 机器学习。

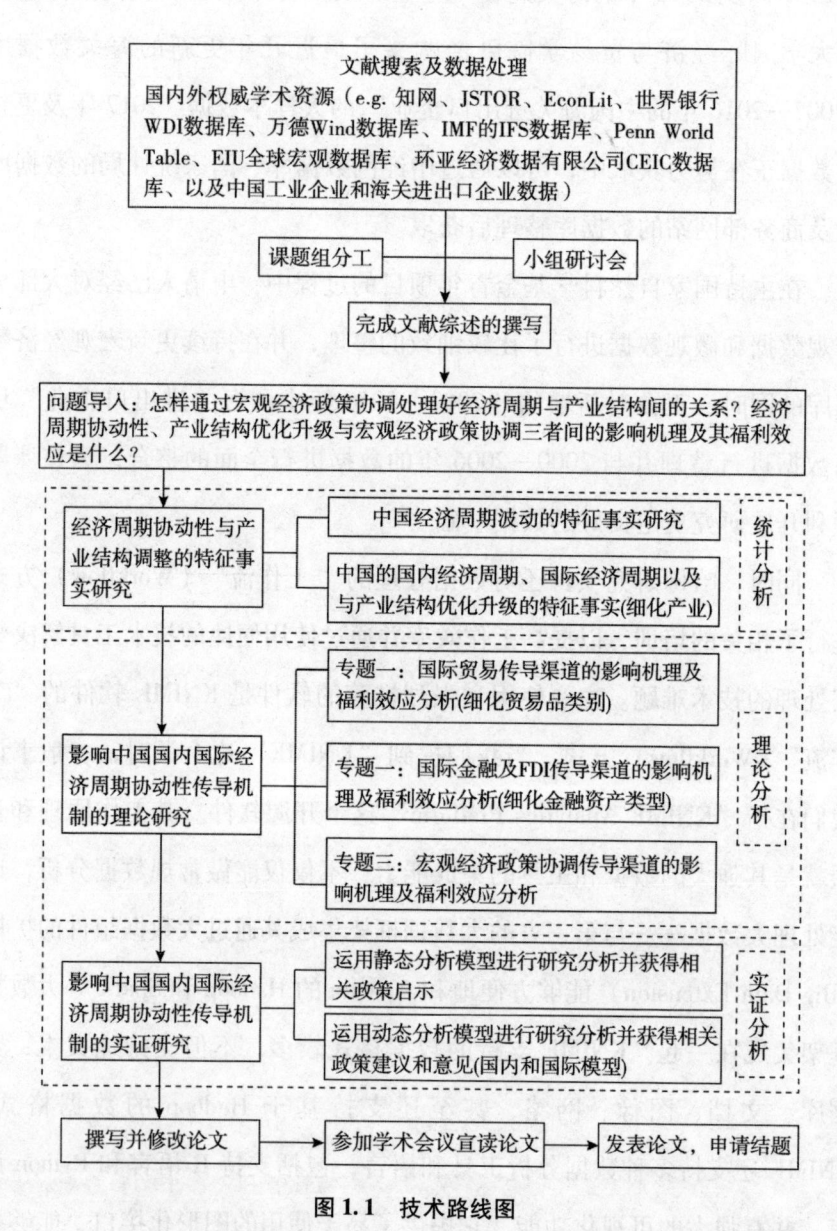

```
┌─────────────────────────────────────────────┐
│              文献搜索及数据处理                │
│  国内外权威学术资源（e.g. 知网、JSTOR、EconLit、世界银行 │
│  WDI数据库、万德Wind数据库、IMF的IFS数据库、Penn World │
│  Table、EIU全球宏观数据库、环亚经济数据有限公司CEIC数据 │
│  库、以及中国工业企业和海关进出口企业数据）      │
└─────────────────────────────────────────────┘
           ↓                    ↓
      课题组分工            小组研讨会
                 ↓
         完成文献综述的撰写
                 ↓
┌─────────────────────────────────────────────┐
│ 问题导入：怎样通过宏观经济政策协调处理好经济周期与产业结构间的关系？经济 │
│ 周期协动性、产业结构优化升级与宏观经济政策协调三者间的影响机理及其福利效 │
│ 应是什么？                                    │
└─────────────────────────────────────────────┘
                 ↓
┌──────────┐    ┌──────────────────────────┐  ┐
│经济周期协动性与产│→│中国经济周期波动的特征事实研究│  │统
│业结构调整的特征事│  ├──────────────────────────┤  │计
│实研究      │    │中国的国内经济周期、国际经济周期以及│  │分
│           │    │与产业结构优化升级的特征事实(细化产业)│  │析
└──────────┘    └──────────────────────────┘  ┘
      ↓
┌──────────┐    ┌──────────────────────────┐  ┐
│           │    │专题一：国际贸易传导渠道的影响机理及│  │
│影响中国国内国际经│→│福利效应分析(细化贸易品类别)      │  │理
│济周期协动性传导机│  ├──────────────────────────┤  │论
│制的理论研究      │  │专题一：国际金融及FDI传导渠道的影响机│  │分
│                  │  │理及福利效应分析(细化金融资产类型)  │  │析
│                  │  ├──────────────────────────┤  │
│                  │  │专题三：宏观经济政策协调传导渠道的影│  │
│                  │  │响机理及福利效应分析              │  │
└──────────┘    └──────────────────────────┘  ┘
      ↓
┌──────────┐    ┌──────────────────────────┐  ┐
│影响中国国内国际经│  │运用静态分析模型进行研究分析并获得相│  │实
│济周期协动性传导机│→│关政策启示                        │  │证
│制的实证研究      │  ├──────────────────────────┤  │分
│                  │  │运用动态分析模型进行研究分析并获得相│  │析
│                  │  │关政策建议和意见(国内和国际模型)    │  │
└──────────┘    └──────────────────────────┘  ┘
      ↓
┌──────────┐  ┌──────────────┐  ┌──────────────┐
│撰写并修改论文│→│参加学术会议宣读论文│→│发表论文，申请结题│
└──────────┘  └──────────────┘  └──────────────┘
```

图 1.1　技术路线图

KNIME 的发展始于 2004 年 1 月，由康斯坦茨大学的软件工程师团队作为专有产品。由 Michael Barthold 领导的原始开发团队来自硅谷的一家公司，为制药行业提供软件。最初的目标是创建一个模块化、高度可扩展和开放的数据处理平台，从而轻松集成不同的数据加载、处理、转换、分析和可视化探索模块，而不必关注任何特定的应用领域。该平台旨在成为一个协作和研究平台，也应作为各种其他数据分析项目的集成平台。KNIME 允许用户直观地创建数据流（或管道），有选择地执行一些或所有分析步骤，然后检查结果、模型和交互式视图。KNIME 是用 Java 编写的，并且基于 Eclipse，并利用其扩展机制来添加提供附加功能的插件。KNIME 核心架构允许处理仅受可用硬盘空间限制的大数据量（大多数其他开源数据分析工具在主存储器中工作，因此仅限于可用 RAM）。

第二章

文献综述

本章主要是从经济周期传导机制、经济政策不确定性、产业结构调整以及宏观经济政策协调的角度展开探索。本章的第一节将围绕经济周期协动性传导机制及其影响机理的国内外文献进行论述；本章的第二节将论述产业结构调整及战略性新兴产业的国内外研究综述；本章的第三节侧重介绍宏观经济政策协调的国内外相关研究；本章第四节进行文献评述。

第一节 经济周期协动性传导机制及其影响机理

一直以来，经济周期都是经济学研究领域的热点问题。经济周期（Business Cycle）也被称为商业周期或景气循环，是经济活动沿着经济发展的总体趋势所经历的有规律的扩张和收缩，是国民总产出、总收入和总就业的波动，是国民收入或总体经济活动扩张和紧缩的交替或周期性波动变化。经济周期通常被分为繁荣、衰退、萧条和复苏四个阶段，在图形上表现为衰退、谷底、扩张和顶峰。经济周期协动性（Synchronization）则是指在特定时期内，不同国家的经济波动由于相互作用、相互影响而出现的各国经济周期在方向和波幅上的趋同性。而协动性则是指这种表现的非一致性。经济周期协动性与非协动性同时存在，具有一定的复杂性和不确定性。

在对经济周期相关研究文献的梳理中，我们根据主要传导机制大致可以分别从"国际贸易对世界经济周期协动性的影响""国际金融及国际投资对世界经济周期协动性的影响"以及"国际政策协调和国际经济组织对世界经济周期协动性的影响"这三条逻辑主线展开分析论证。从研究方法上看，主要采用普通最小二乘法回归（OLS regression）、动态随机一般均衡模型（DSGE）以及因子分解模型等。下面我们将从理论和实证两大方向，融入传导机制和研究方法的相关内容，对现有的文献进行系统性梳理。

一、以理论模型创新为主的相关研究成果整理

国内外学者在研究经济周期协动性与非协动性的进程中取得了里程碑的进步。Gerlach（1988）首次采用 frequency band（频带）的衡量指标将国际经济周期定义为多国工业生产指数的变动在一定周期频带上的高度相关性存在。Backus、Kehoe 和 Kydland（以下简称"BKK"）（1992）首次建立了一个存在完备金融市场的国际经济周期模型（International Business Cycle）来研究国际贸易对国际经济周期协动性的影响，由于生产可以跨国自由转移，外部冲击使得贸易强度越高，两国间的经济协动性反而越低。Kose 和 Yi（2001）在 BKK 模型的基础上引入生产

的垂直专业化后发现贸易规模对经济周期协动性的影响与贸易冲击的类型有关，即当贸易促进产业专业化时，贸易联系越紧密，两国的经济协动性越低；但当贸易的发展促进两国的产业内贸易时，贸易联系越紧密，两国的经济协动性程度也越高。在 Anderson 和 Wincoop（2003）研究发现两国的贸易程度可能与两国之间的贸易壁垒相关的基础上，Kose 和 Yi（2006）将 BKK 模型从两国拓展到三国并引入跨国交易成本后发现引入这些因素能提高贸易对经济周期协动性的影响。Baxter 和 Farr（2005）在 BKK 模型的基础上引入可变资本利用率后发现国际直接投资的流入能够使两国经济结构的相似度上升，从而贸易导致的两国经济协动性也越来越高。Garcia-Herrero 和 Ruiz（2008）也得到了类似的结论。由此可见，以上这些研究都认识到贸易强度是经济协动性的重要影响因素，并从贸易模式和贸易类型的角度深入分析了不同贸易形式是如何影响经济周期协动性的。一个值得注意的问题是，当今不同国家对外贸易在商品类别上存在"异质性"，贸易品的不同类别是否会对两国经济周期的协动性产生影响？后续的研究对这一问题展开了比较充分的探讨。

然而，BKK 模型是在假设国际金融市场完备性的前提下成立的，当国际金融市场不完备时 BKK 模型的结论将会发生显著的变化（Baxter 和 Crucini，1995；Heatheote 和 Petri，2002）。考虑到银行间的跨国借贷存在规模不经济的现状，Iacoviello 和 Minettib（2006）在模型中引入了借贷市场不完备的衡量因子，当一国遇到外部冲击时，银行在调整国内和国外借贷中将使得两国经济的协动性增强。

由于静态的计量模型通常不能反映变量的滞后效应，尤其是 2008 年国际金融危机以及 2010 年欧洲债务危机的爆发，使得越来越多的学者认识到金融市场一体化与金融市场的不完备性在世界经济周期传导中的重要作用，同时传统的静态模型已经不能够捕捉滞后变量带来的影响。于是，动态模型逐渐发展起来。其中，动态随机一般均衡模型（DSGE）被学者们广泛使用。Daia（2007）在两国 DSGE 模型中引入金融市场结构的差异后发现两国的金融市场结构差异越大经济周期协动性就越低。Gourinchas 等（2007）建立了两国的 DSGE 模型并对跨国资产互持所带来的"估值效应"（Valuation Effect）在经常账户调整中的作用进行了系统性的分析。Devereux 和 Sutherland（2010，2011）两人则在运用高阶展开方法后将资本互持特征引入两国的 DSGE 模型之中，并在模型中考虑加入金融摩擦，从而探讨外部冲击的传导渠道。梅冬州等（2012）在一个标准的两国 DSGE 模型中引入中间品贸易并讨论了存在中间品贸易的经常账户调整和国际经济周期协动性等问题。DSGE 模型的拓展形式正在广泛地应用在关于经济周期协动性的学术探讨中。与此同时，为了克服以往研究在样本和双边相关性研究等计量方法上的局限性，相关研究不断涌现。其中，Kose 等（2006，2008）、Crucini 等（2011）、Newly 和 Rapach（2011）相继借助 Kose 的多层动态因子模型考察了 GDP 增长率、产出、消费、投资以及通货膨胀的国际协同特征。石柱鲜等（2007）应用多变量动态马尔科夫转移因子模型对我国 1991 年 1 月以来的经济周期波动进行研究，并通过选取两组与经济景气一致的宏观经济指标进行实证分析，结构表明多变量动态马尔科夫转移因子模型对于不同组指标的分析是一致的。杨子晖和田磊（2013）在借鉴以上经典模型的基础上，遵循多层嵌套因子模型思想，构建了国际经济周期三层静态因子模型并运用该模型对包括中国在内的 24 个主要经济体进行跨国研究从而考察中国经济与世界经济的协动性。白仲林和汪玲玲（2014）研究了新凯恩斯 DSGE 模型和具有 Markov 体制转换过程的

DSGE 模型的动态因子模型，发现两类 DSGE 模型分别可以表示为标准动态因子模型和具有 Markov 体制转换过程的动态因子模型。高华川和张晓峒（2015）对动态因子模型（DFM）及其应用研究进行了综述，分别从理论和实证上进行梳理，总结了 DFM 在预测和构建经济周期指标及经济结构分析中的应用，并归纳出 DFM 计量分析的研究脉络和未来发展动向。韩猛等（2016）首先提出了一类识别动态因子模型的零识别约束并给出了一种识别算法可以有效解决在实证分析中动态因子模型的识别问题。但是，鲜有研究将静态模型和动态模型的优势结合起来研究寻找使变量解释相匹配的契合点。

二、以实证分析为主的相关研究成果梳理

在对经济周期协动性影响因素的实证研究中，关注双边贸易强度与经济周期协动性的文献比较丰富，观点大致可以分为四类。第一种观点认为二者之间呈现正相关关系。Frankel 和 Rose（1998）在对 20 个发达国家双边贸易强度与经济周期双边相关性的研究中得到贸易联系越紧密两国经济协动度越高的结论。然而，由于这一模型不能够将共同冲击从影响因素中分离而引发了对文章结论的争议。第二种观点认为双边贸易的增强能使得国家间的专业化分工程度提高从而导致经济周期协动性的下降（Krugman，1993）。第三种观点认为不同的贸易模式对经济周期协动性具有不同的影响，产业内贸易是导致经济周期协动性的关键因素，而产业间贸易则会使得经济周期同步性下降。第四种观点认为双边贸易对经济周期协动性的影响主要是由双边垂直专业化引起的，而并非是由双边贸易强度导致的（Ng，2010）。迄今为止，已有的实证研究结

果对贸易强度是否促进国际经济周期协动性还存在异议。

在 Frankel 和 Rose（1998）研究的基础上，Calderon 等（2007）扩大了研究样本并对发展中国家贸易强度和经济协动度的关系进行验证后发现两者之间的正相关关系仍然成立，但是发达国家比发展中国家的正相关关系更强些。Kose 和 Yi（2006）则从贸易双方在产业结构上的相似程度入手探讨影响国际经济周期同步性的因素，发现产业内贸易比产业间贸易更能引起 GDP 的同步运动，因为考虑到两国不同的产业结构会使双方在面临同一产业冲击时反应的周期不同。关于产业结构与经济周期协动性的关系研究也成为一个比较新的研究领域。一部分学者（Imbs，2004；Lee and Azali，2009）认为产业结构越相似，经济周期协动程度就会越高。另一部分学者（Cerqueira and Martins，2009；Wu et al.，2009）则认为产业结构相似度与经济周期协动性之间不具有显著的关系。Di Giovanni（2010）运用工业层面的生产和贸易数据分析不同产业间双边贸易对经济周期协动性的影响机理，研究得到的结论是垂直分工在某一部门中的作用越重要，则该部门对应产业的双边贸易对经济协动性的影响就越大。

与此同时，Imbs（2004，2006）通过构建联立方程组模型发现金融市场一体化程度的不断提高也对各国经济周期协动性的传递产生了重要影响。但是 Dees 和 N. Zorell（2012）的研究则表明金融一体化程度的提高对经济周期协动性的提高没有直接的影响。有关 FDI 与国际经济周期相关性的研究相对比较少，Wu 等（2009）的研究结果表明 FDI 对国际经济周期的协同性具有显著的正效应，并且 FDI 比贸易和产业结构相似度更能解释经济周期协同性的变化模式。需要注意的是，以上研究都是从总量的角度出发，没有考虑贸易品类别和金融资本的异质性对经济周期协动性的影响。

之前的大部分相关研究都以发达国家为研究对象，但是由于1997年亚洲金融危机以及2008年全球金融危机对中国及一些发展中国家的经济带来了巨大的冲击，使发展中国家与发达国家的经济周期趋同性日益增强。Kim和Lee（2012）、Imbs（2011）以及Moneta和Duffer（2009）的研究结果表明1997年亚洲金融危机后东亚各国联系更加紧密，经济协动性程度显著增强，为进一步的货币及汇率合作创造了良好背景。于是，有关亚洲尤其是与中国有关的国际经济周期协动性的研究得到广泛关注，Kose等（2003）运用动态因子模型观测到东亚经济受区域因子的影响大于全球因子，提出以中国和印度为代表的东亚国家是否可以从以美国和欧盟为代表的西方经济周期中分离出来，即"Decoupling or Convergence"的讨论。Bayoumi等（1999）通过估计东亚各国间经济周期的非对称性系统地比较了东亚建立最早货币区的成本收益，并得到东盟区域经济整合程度与20世纪80年代末的欧盟相当。Shin和Wang（2004）发现东亚各国间产业内贸易和国际资本流动的增加使得各国之间的经济波动协动性增强。

宋玉华和方建春（2007）从改革开放1978—2004年中国经济与世界经济的相关度及相互影响的因果关系进行研究，宋玉华（2007）还在《世界经济周期理论与实证研究》一书中对中国与主要区域经济体的经济周期进行探讨，总结出"中国效应"对世界经济的拉动作用日益增强，世界经济的波动也影响着中国经济的运行。程惠芳等（2010）对影响中国经济周期协动性的因素进行了比较全面的研究和分析。王勇等（2010）选取中国的8个贸易伙伴进行研究，研究发现中国与这些国家经济周期协动性随着时间推移而增大。模型创新部分提到的梅冬州

(2012，2013)以及杨子晖和田磊(2013)则分别运用引入中间贸易品的DSGE模型和三层静态因子模型研究中国与世界经济周期的协动性。张文彬和童笛(2011)运用基于吉本斯抽样估算的贝叶斯潜在多动态因子模型估算出改革开放以来三次产业实际产出波动的全国、地区以及省份动态因子，发现全国动态因子和区域动态因子较好地刻画了中国宏观经济波动的基本特征及基本区域经济事实。阳玉香等(2017)运用贝叶斯潜在多动态因子模型研究28个省份1953—2014年的省级经济周期并估计出影响所有省份的产出、消费与投资的全国因子和影响对应省份三大变量的省份因子。但是以上研究都没有对贸易品的类别进行细致的区分，同时大都只关注中国的主要贸易伙伴。因此，分析的全面性有待改进。

三、对以上国内外的文献回顾总结及其存在的主要问题

第一，国内外学术界的研究成果为研究中国经济周期与世界经济周期协动性传导机制提供了许多值得借鉴学习的模型、理论和方法，然而现有的研究主要是以宏观层面和产业层面为切入对象分析中国经济周期与世界经济周期协动性的关系。而一国经济的宏观经济表现主要是由微观经济主体所决定的，宏观和产业数据无法揭示异质性企业的行为，难以分析所关注因素影响中国经济与世界经济周期关联的微观传导机制，从而提出针对性的政策建议。为进一步分析不同层次的影响因素对经济周期传导机制的影响程度，本课题将经济周期与金融周期波动联系起来，同时将传统产业的发展与经济周期波动联系起来，从宏观层面深入微观层面，通过运用动态因子模型可以深入分析来自世界共同影响因

子、地区共同影响因子、国家共同影响因子等因素的影响，从而为政策制定者提供更加精准的政策建议，提高政策的实施效果。

第二，由于对中国经济与世界经济波动协动性和政策的研究相对比较少，当前关于经济周期协动性的研究大都是在借鉴对发达国家经济周期协动性研究的基础上进行的分析，难免会忽略掉中国在开放经济中所表现出来的一些重要的"中国特色"，比如企业异质性、贸易品类别的构成等，而将多层次动态因子模型的空间计量分析巧妙地融入经济周期传导机制的研究框架中，能够从很大程度上开拓研究思路，进一步发掘中国在开放经济中所表现出来的"中国特色"。

第三，国内学术界和政府管理层对于开放经济下中国经济与世界经济周期协动性的研究大部分局限于经验实证层面，并且鲜有文章将静态分析模型与动态分析模型有机地结合起来，优劣互补，综合多重指标，进行多维度的全面分析，从而找到具体变量和政策变量相匹配的契合点。

第二节 产业结构调整及战略性新兴产业的相关研究

在世界经济发展的进程中，产业结构在经济波动中不断更迭，并在经济发展的不同阶段由一个主导产业引领世界经济的发展。产业结构每次大的转变都将导致经济的周期性发展变动，要素会由低效率和传统产业部门向高效率和新兴产业部门转移，新的主导产业因此出现。在当前新经济时代，产业结构对经济发展具有稳定性的作用，如果波动幅度较小的产业部门占据经济的大部分，经济波动的幅度将会较小（周明生和陈文翔，2016）。战略性新兴产业对防范金融风险具有稳定器的作用。经济波动会使产业结构发生变化，产业结构的变化会带来经济增速的改变，从而引发经济波动。就我国的产业升级与经济增长之间的关系来看，联动效应最小的是第一产业，最大的是第二产业，而第三产业的联动效应居中。从产业结构相似度对经济周期协动性的传导效应来看，产业结构越相似对短期 GDP 经济周期的协动性程度就越高（程慧芳和岑丽君，2010）。产业波及理论则是建立在此基础上，主要集中研究单个传统产业的波及作用。国外学者对战略产业理论的研究是建立在主导产业理论研究的基础之上的。Michael W. Lawless（2007）对结构不一致和结构一致的产业间战略相似度进行了研究。Masaaki Kotabe（2007）研究了战略产业的高科技创新在新产品研发过程中的作用。

在对研究战略性新兴产业及传统产业转型升级的相关文献进行梳理的过程中，根据研究方法及研究内容的特点可以将文献大致分为以下两大类：第一类是以理论模型创新为主的相关研究；第二类是以实证分析为主的相关研究。本课题将主要从理论和实证两个方向对国内外相关文献的研究现状及发展动态进行系统分析，从而探讨影响战略性新兴产业与传统产业之间耦合促进的机制及相关政策。

一、以理论模型创新为主的相关研究成果梳理

国内外学者在研究产业关联理论及新兴产业理论的进程中取得了里程碑的进步。产业关联理论最早可以追溯到法国著名经济学家魁奈采用《经济表》来表明产业间的贸易关系开始，之后瓦尔拉斯创立了一般均衡理论，标志着产业关联理论开始进入萌芽期。20 世纪 30 年代，美国

著名经济学家 W. Leontief 首先提出并确立了投入—产出模型分析法，于 1941 年出版了《美国的经济结构》，这是产业关联理论的重要里程碑。步入 21 世纪，各个产业之间的交融与联系更为密切，产业的可持续发展得到更多的重视，对产业关联理论的运用提出了更高的要求，需要应用产业关联的观点来分析产业结构发展和调整方向等问题，例如，T. Sturgeon（2008）从价值链、集群和网络重新规划全球的汽车产业。20 世纪 60 年代初期，投入产出技术引入我国，侧重研究投入产出技术的应用，在模型动态化方面的研究比较多。新兴产业理论的发展研究始于 20 世纪中后期，典型的两大理论是"TFP 全要素"理论及新经济增长理论。美国麻省理工学院教授索洛认为经济增长中减去资本与劳动的贡献率之后即为技术进步对经济增长的贡献，被称为"全要素贡献率"（TFP）理论模型。部分经济学家开始用新经济增长理论来探讨经济的持续增长，强调经济增长不是外部力量而是来自经济体系内部的力量，尤其是内生技术的变化。在新经济增长理论兴起后，我国学者不断深入地研究产业关联理论，并提出了非线性实物模型（陈锡康，1981）及包含隐性因素的投入—产出模型（薛新伟，2000）。

然而，国外学者对高新技术产业与传统产业协调发展的研究相对较少，因为大部分发达国家的传统产业发展水平相对于发展中国家而言已达到了较高的水平，相当大部分的传统产业仍具有明显的比较优势，同时高新技术产业的创新能力很强。国内学者对通过高新技术改造传统产业理论和实践进行积极探索，积累了传统产业转型升级的丰富经验。关晓琳和卢文光（2015）的研究基于产业生命周期的技术创新与战略性新兴产业的协调度，构建了技术创新与战略性新兴产业在各个生命周期的耦合协调度评价指标体系，并给出相关政策建议。连远强（2016）

在比较传统产业创新链与新兴产业创新链区别的基础上，深入探讨了跨界耦合视角下传统产业与新兴产业创新链耦合机理。霍影（2014）从渐进式创新与跨越式变革的角度切入，以"耦合"为归纳主线，分别从生命周期、技术创新、博弈策略、价值链以及定量评价5个视角对国内2010—2013年间相关研究成果进行脉络梳理和综合述评。归纳发现，已有成果对战略性新兴产业与传统产业耦合发展所涉及的诸如体制、机制等宏观层面的理论研究达到了一定的深度，但在定量测度层面、数理评价模型方面却过于单一，在数据样本的选择和统计口径的制定方面，实证基础也比较薄弱。

此外，有部分学者从不同产业结构差异化视角研究经济波动的异质性，研究结果表明，区域产业结构的变动是引起不同区域经济波动幅度差异的原因所在。战略性新兴产业是技术密集型的高成长性产业，是我国未来抢占世界经济制高点，赢得竞争优势的产业。胡大立等（2017）构建了一个推动战略性新兴产业高端化的"三链"耦合互动模型，并提出了促进"三链"有效耦合的相关政策建议。梁军和赵方圆（2014）运用灰色关联模型评价产业互动发展状况的产业关联协调指标体系，测度并比较中国东部、中部、西部地区新兴产业与传统产业互动发展状况及其影响因素的区域差异与变动趋势。研究结果表明，尽管两类产业互动发展的关联度都在中等以上水平，但整体协调度均不高且区域间存在明显差异，呈现出中部高、东部西部低的空间分布特征，三大区域新兴产业与传统产业间均未形成显著的良性互动。赵莹等（2017）运用了灰色关联模型对辽宁省的战略性新兴产业与传统产业的关联性进行实证分析，具体研究了产业间的关联性水平和产业传承中传统产业的优先选择问题。许慧玲（2014）基于产业融合理论研究传统产业与电子商务融合发展的动因，结合广东汕头市的案例对传统行业与电子商务的融合提出了相应的发展路径。李宝庆和陈琳（2014）在分析长三角区域战略性新兴产业空间演化的基础上，运用耦合度模型对该区域战略性新兴产业与区域经济协调发展的整体情况和分空间情况进行研究，得出该产业与区域经济耦合促进作用非常明显、该产业仍然滞后于区域经济发展水平、区域经济各发展要素对该产业的贡献度不均衡、该产业发展资金投入不足等结论。霍影（2012）为定量测度我国战略性新兴产业、传统产业与各省经济空间的协调发展效率，构建由战略性新兴产业、传统产业与区域经济空间三个子系统所组成的耦合系统协调发展度函数并补充动态分期评价模型，研究结果表明：东部、中部以及西部地区的协调发展度依次降低。

二、以实证分析为主的相关研究成果梳理

战略性新兴产业与传统产业的协同发展备受关注，近年来，国内学者的研究成果较为丰富。归纳起来看，国内对战略性新兴产业的相关研究大多集中在对区域经济持续发展的影响上。刘华志（2017）通过构建江西省传统产业和战略性新兴产业的动态博弈模型分析江西省传统产业与战略性新兴产业集群的生态创新内在机理，并提出完善促进战略性新兴产业之间保持合理内部结构的相关政策。林章岁等（2017）的研究构建了战略性新兴产业和传统产业耦合模型，利用微观企业调查数据，实证分析战略性新兴产业和传统产业之间的作用机制。研究结果表明，样本数据来源中的双产业属于中度耦合阶段；从动态和不平衡性的角度来看，仍处于中度失调发展状态。梁威和刘满凤（2016）就如何

完善战略性新兴产业与区域经济的耦合协调机制进行了深入研究，对江西省 11 个地市 2011—2013 年战略性新兴产业与区域经济的协调发展状况进行系统评价。结果显示：江西省战略性新兴产业与区域经济耦合协调程度偏低，并提出了进一步促进江西省战略性新兴产业与区域经济协调发展的对策建议。丁强和张向群（2015）以生命周期理论为基础，利用马尔科夫链对战略性新兴产业与传统产业耦合系统发展过程进行模型设计，并量化产业耦合系统对区域经济发展的贡献。刘佳刚和汤玮（2015）对战略性新兴产业发展演化规律及空间布局进行分析，将具有战略性新兴产业概念的 428 家沪深上市公司作为研究样本，利用内容分析法分析这些公司 2003—2012 年的年度财务报告、研究发现、创新投入与产出成果总体呈正比例方向变动，但在不同区域和产业存在差异。另外，还有学者分别对长春市、宁波市、黑龙江省、安徽省、广东省、广西壮族自治区、江苏省、吉林省等省市中的战略性新兴产业与传统产业耦合互动机制及相关问题进行了深入的研究（俞之胤，2015；冯碧芸等，2015；霍影等，2015；刘明娟，2015；许慧玲，2014；乔鹏亮，2014；邱峰，2011；高雪，2014）。

也有不少学者从战略性新兴产业的金融支持及科技金融的角度去分析战略性新兴产业与传统产业间的耦合发展关系。王卉彤等（2014）在分析城市的战略性新兴产业及传统产业相互关系的基础上运用新旧两类产业耦合互动所处阶段评价模型，实证分析了 2001—2012 年我国新旧两类产业耦合互动所处阶段，并提出现阶段科技金融的功能定位。程宇（2013）运用"适应性效率"分析法对创新驱动下战略性新兴产业的金融制度安排进行了研究，具体分析了包括金融制度结构的灵活度、制度结构的耦合度以及制度变革的适应性。韩萌萌（2012）从市场性金融支持的角度探讨实施市场性金融支持与促进区域经济协调发展的耦合发展关系，研究结果显示市场性金融支持是战略性新兴产业发展的重要动力机制，战略性新兴产业的市场性金融支持政策应该从市场直接金融和间接金融两个层面着手设计，以充分落实国家的产业和金融政策。金融政策的安排和导向将对金融周期波动以及经济增长产生一定的影响（陈雨露等，2016；邓创和徐曼，2014）。

三、对国内外文献的回顾总结及其存在的主要问题

第一，国内外学术界的研究成果为战略性新兴产业的培育与发展以及传统产业的转型升级提供了许多具有借鉴学习价值的模型、理论及方法。然而，从现有文献的研究视野来看，大部分研究局限于战略性新兴产业及传统产业发展对国内经济的影响，而忽略了全球经济一体化场景下来自其他国家的外部经济冲击。为了进一步分析不同层次的影响因素对战略性新兴产业及传统产业的影响程度，本课题将战略性新兴产业的发展与金融周期波动联系起来，同时将传统产业的发展与经济周期波动联系起来，通过运用动态因子模型可以深入分析来自世界共同影响因子、地区共同影响因子、国家共同影响因子等因素的影响，从而为政策制定者提供更加精准的政策建议，促进战略性新兴产业的国际化，提高政策的实施效果。

第二，现有成果在对战略性新兴产业与传统产业耦合发展所涉及的诸如体制、机制等宏观层面的理论研究方面虽然已经达到了一定的深度，但在定量测度层面、数理评价模型方面却过于单一，在数据样本的选择和统计口径的制定方面，实证基础也比较薄弱。同时，已有的研究

大都采用静态分析的方式，鲜有研究运用动态模型与静态模型相结合的思路。为弥补这方面的不足，本课题将动态因子模型巧妙地融入研究框架之中，不仅丰富了战略性新兴产业与传统产业耦合发展研究的内涵和外延，而且还开拓了战略性新兴产业与传统产业耦合发展的研究思路。

第三，现有的研究主要是以宏观层面和产业层面的数据为切入对象分析战略性新兴产业与传统产业耦合发展的关系。然而，一国的宏观经济和产业发展的表现主要是由微观经济主体所决定的，宏观和产业数据无法揭示异质性企业的行为，难以分析所关注因素影响战略性新兴企业与传统企业耦合发展的微观机制，并提出针对性的政策建议。因此，深入微观企业的数据研究可以从很大程度上解释企业异质性对战略性新兴产业与传统产业耦合发展过程中所产生的影响。

以上研究中的不足之处是本课题力图解决与完善的研究动机所在。

第三节　宏观经济政策协调的相关研究文献综述

财政政策作为国家重要的宏观经济政策，通常是以总量调控为主，目的在于实现平稳的经济增长，平抑经济运行过程中的波动效应。在国家实施财政政策的过程中，不同的产业部门均会收到财政政策效应的影响，从而获得发展的动能，在政策实施的过程中主导产业部门不停地发生更迭。财政政策的实施对产业结构的优化升级产生积极的作用，主要是通过财政政策调控的倾向和调控目标的内在要求，促进各种资源在不同行业和不同领域间流动，从而对市场主体的决策与行为产生影响，以明确投资主体的投资方向，实现存量资产的重新组合，促进投资结构的优化。财政政策主要是通过直接和间接两种方式施加对产业结构的影响。财政政策同样可以通过基础设施的投入和对科技创新的扶持，为产业结构调整提供技术支持（周明生和陈文翔，2016）。

齐鹰飞和 LI Yuanfei（2020）通过将生产网络引入一般均衡模型，分析了财政支出的部门配置对 GDP、福利和产业结构的影响。研究证明在较为一般的假设条件下，GDP 以及家庭福利与财政支出的部门配置无关，但产业结构受财政支出部门配置的影响。基于对部门财政支出结构效应的分解，该研究利用中国投入产出表数据分析了财政支出部门配置的边际调整对产业结构升级的影响，发现将财政支出从"高污染、高耗能"的限制产业向高新技术产业调整1元最多可使高新技术产业增加值与限制产业相比提高 0.9958 元。本书的研究结论意味着财政支出政策的运用有望兼顾"稳增长"和"调结构"，即先从"稳增长"视角决定财政支出总量，再从"调结构"视角将财政支出配置在不同部门。

蒋炳蔚和郑苏沂（2020）以财政支出为切入点，从空间计量经济学角度实证分析我国财政支出作用产业结构转型的效应。结果表明：各地区产业结构转型存在着较强的正向空间相关性；财政支出规模显著正向作用于产业结构转型。仲颖佳（2020）基于 2003—2017 年中国 281 个城市表征财政政策与产业结构升级的时空数据，采用两个空间杜宾模型，分别从产业结构合理化、高级化两个维度深入研究了财政政策对产业结构升级的影响。

货币政策更多强调宏观经济运行的总量调节，人们倾向于关注货币政策对宏观经济运行的影响。尽管有一些文献开始研究货币政策对不同区域的非对称性影响，但是在研究货币政策对不同产业影响的文献仍然相对较少，如何形成货币政策对不同产业部门差异性影响的传导机制和影响因素方面，研究相对匮乏（周明生和陈文翔，2016）。刘祖基等（2020）的研究基于贝叶斯参数估计和数值模拟分析政策协调对产业结构优化以及宏观经济效应的影响。研究发现：数量型货币政策比价格型货币政策更有利于产业结构优化，收入型财政政策比支出型财政政策更有利于产业结构优化；价格型货币政策和收入型财政政策的协调更有利于产业结构优化对消费、就业和产出的促进作用，数量型货币政策和支出型财政政策的协调更有利于产业结构优化对通货膨胀的稳定作用；货币政策对产业结构优化升级这一目标与稳定经济波动这一目标存在着Trade Off 权衡现象，财政政策对产业结构优化升级这一目标与促进经济增长这一目标存在着 Trade Off 权衡现象。因此，建议采取货币政策为主、财政政策为辅的宏观经济调控政策，具体操作体现在减息为主结合降低税率水平为辅的政策协调组合来应对经济增速下滑和产业结构升级。

隋建利等（2020）分别从需求和供给两个层面构建经济结构变迁指标，运用马尔科夫区制转移因果模型探究货币政策、财政政策与相对价格变化、产业结构变迁之间的非线性驱动机制，甄别变量间的时变因果关系以及时间区制分布，以期为促进经济结构转型升级、实现经济高质量发展提供政策参考。研究发现：价格型货币政策与数量型货币政策均能显著影响相对价格变化和产业结构变迁，且第三产业部门对货币政策冲击的敏感度更强。此外，政府支出政策与税收政策均能有效作用于相对价格变化和产业结构变迁，且第一、第二产业部门对财政政策的冲击更为敏感。最后，中国政府通常采取利率政策和税收政策调控相对物价水平，采用货币供给政策和政府支出政策推动产业结构优化。

宏观调控政策对经济结构变迁的作用具有时变性特征（De Grauwe and Zhang，2012）。相比货币政策，财政政策对经济结构变迁的作用时间更长。马海涛和王斐然（2020）运用对数平均迪氏指数分解法研究分析产业因素与税收因素对我国就业人口的影响发现，产业结构变迁和个人所得税负担的提高是降低我国就业水平的重要因素。

第四节　文献评述

首先，国内外学术界的研究成果为研究经济周期协动性及其传导机制与宏观经济协调提供了许多值得借鉴学习的模型、理论和方法，现有的研究主要是以宏观层面和产业层面为切入对象分析经济周期协动性的传导机制。而一国的宏观经济表现主要是由微观经济主体所决定的，宏观和产业数据无法揭示异质性企业的行为，难以刻画出波动的性质，分析所关注因素影响中国经济与世界经济周期协动性的微观传导机制，从而提出针对性的政策建议。

其次，在研究经济周期协动性的贸易渠道、FDI、产业结构调整等不同渠道的传导机制及效应时，绝大部分研究是从总量的角度出发，没有考虑贸易品类别和金融资本的异质性对经济周期协动性的影响。由于现有的研究大都没有对贸易品的类别、金融资本的类型以及产业结构内容进行比较细致的区分，同时大都只关注中国的主要贸易伙伴。因此，分析的全面性和结论的政策性有待改进。

再次，由于当前的国际货币体系依然是以美元为中心的模式，处于不同经济发展水平及位置的国家所面临的内外部冲击存在较大差异，而之前的大部分研究均没有在一个非对称的模型中考虑不同组合的宏观经济政策协调对平抑经济周期波动及产业结构优化升级的效果。

最后，已有的大部分研究成果均是建立在以动态随机一般均衡（DSGE）宏观经济学为主流范式的基础之上，未考虑宏观新范式下的宏观金融关联、金融风险和经济在险增长。尽管现在还很难将在险增长作为政策决定的通行基准（如同很难用绿色 GDP 替代一般 GDP 那样），但作为一个参考性指标纳入政策当局的视野，显然是非常有必要的（张晓晶和刘磊，2020）。这是一个重要的研究方向。

以上研究中的不足之处便是本研究力图解决与完善的研究动机所在。

第三章

宏观经济政策溢出效应分析

第一节 基于 IS-LM-BP 模型的拓展

政策的相关性或协调性研究始于对最优货币区衡量标准的探索。简而言之，对于一个区域来说，当实行一种共同货币或共同货币政策是其最佳选择时，那么这个区域就是最优货币区。近期有关最优货币区的研究强调单一货币的形成其本身可能会影响主要最优货币区的衡量标准（Frankel and Romer，1996）。这类研究被称为最优货币区内生性分析。而与本课题直接相关的是关于国外扩张性宏观经济政策如何影响宏观经济波动同步程度的分析。

为了解释国外经济快速增长对国内生产总值的影响，普遍采用 IS-LM-BP 模型作为经典模型进行理论分析。以下分析从均衡状态着手，在起始均衡点 A，国际收支为 0。用代数的方法，在灵活汇率制度下，国际收支（BOP）等于经常账户（CA）与资本账户（KA）的总和，即

BOP=CA+KA=0。而在固定汇率制度下，BOP=CA+KA+dR，dR 在冲销式干预和非冲销式干预的情形中都表示用于官方支付的国际储备的变化，但是在没有冲销式干预的情况下，均衡点的 dR 等于 0。R 是内生性的，是到达新的均衡点前的国际储备变化，且到达均衡点后，国际储备不会再发生进一步变化，这是固定汇率制度下"自动"调节的重要特点。当实行冲销政策时，国际储备在均衡点继续变化，因为中央银行关闭了自动调节机制。图 3.1 中，IS 曲线、LM 曲线、曲线 BP 在点 A 相交。无"*"号的符号表示国内项目，有"*"号的符号表示国外项目。

IS-LM-BP 模型（假定价格 P 不变）

IS 曲线方程：注入=流出

$$I(i)+G+X(Y^*,e)=S(Y)+T+M(Y,e) \qquad 公式（3.1）$$

LM 曲线方程：货币供应 Ms=货币需求 Md

$$H/P=L(Y,i) \qquad 公式（3.2）$$

$$Ms=mm*H=mm*(D+R) \qquad 公式（3.3）$$

曲线 BP 方程：

$$\begin{aligned}BOP &= CA+KA=(X-M)+KA \\ &= X(Y^*,e)-M(Y,e) \\ &\quad +KA(i-i^*) \qquad 公式（3.4）\end{aligned}$$

在固定汇率制度下，

$$BOP=CA+KA+dR \qquad 公式（3.5）$$

有冲销政策时，

$$dR=0,\ BOP=CA+KA \qquad 公式（3.6）$$

注释：

I（i）：国内投资是国内利率的函数。

G：政府支出

Y：国内产出

I：国内利率

X（Y*，e）：出口支出总值是国外产出和汇率的函数。

S（Y）：国内储蓄是国内产出的函数。

M（Y，e）：进口支出总值是国内产出和汇率的函数。

T：税收

H：高能货币，高能货币 H=国际储备 R+国内信贷 D。

Ms：货币供应，货币供应 Ms=货币乘数×高能货币=mm*H=mm*(R+D)

Md：货币需求，国内产出和汇率的函数，货币需求=L(Y, i)

CA：经常账户=出口-进口=X(Y*,e)-M(Y,e)

KA：资本账户是国内汇率与国外汇率差异的函数。

e：实际汇率

价格不变时，名义汇率=实际汇率*（国外价格除以国内价格）=实际汇率=e。

第二节 外国的财政扩张政策对本国经济的影响

随着国外政府支出 G* 增加（或 T* 降低、或 G* 和 T* 都降低），

IS*曲线向右移动，Y*增加且i*增加。当IS*曲线方程左边的注入增加，或者IS*曲线方程右边的流出减少时，IS*曲线向右移动。这是因为注入增加时，要有更高水平的收入才能使以储蓄和进口增加形式的流出也相应地增加，而储蓄和进口自动下降时，也需要IS*曲线向右移动，因为要有更高水平的收入才能产生更多的储蓄和进口支出，从而维持相等流出和注入（Pilbeam，2003）。

我们知道，国外财政扩张会增加国外产出Y^*和国外利率i^*。一方面，随着国外产出Y^*增加，由于$X=f(Y^*,e)$，国内出口总值会升高，所以国内经常账户$CA=X-M$会增加，那么$dCA>0$。另一方面，随着国外利率i^*从i_0^*增长到i_1^*，国内资本账户KA外流会增加。因为国内资本账户KA内流净值与$(i-i^*)$呈正相关，所以$dKA(i-i^*)<0$。

在资本流动性较低的情况下，$dCA>0$相较$dKA<0$占支配地位，则$dBOP>0$，$dBOP^*<0$，国内货币将面临升值的压力。国内产出Y和国内利率i的变化同样取决于国外汇率政策。在图3.1中，IS曲线从IS_0移动至IS_1，BOP从BOP_0移动至BOP_1（注意：利率i不变时，曲线BP的移动距离比IS曲线更大，这一点在图3.1中将予以证明）。在IS曲线和LM曲线交汇的C点，国内利率过高，无法到达BOP=0的均衡水平。IS_1和LM_0的交点C在BOP_1曲线的左侧，这表示BOP>0。

在固定汇率制度下，$BOP=CA+KA+dR$，国际储备R增加，没有冲销式干预时，$dR=0$，$BOP=CA+KA$。在调整期内，国际储备R增加，货币基数B增加，同时，货币供应Ms①增加，LM曲线从LM_0移动至

---

① Ms=mm*B=mm*H，B=H=R+D，其中Ms指货币供应，B指货币基数，H指高能货币，R指国外的国际储备，D指本国货币当局持有的国内债券。

LM₁，IS₁ 和 BOP₁ 交会，达到新均衡点 B。当货币供应 Ms 增加时，LM 曲线从 LM₀ 向右移动至 LM₁。因为在一定利率条件下，收入增加将导致货币的交易需求增大，货币供应增加则会继续维持。国内产出 Y 会从 Y₀ 增长至 Y₁，而国内利率 i 会从 i₀ 降低至 i₁。在这种情况下，Y* 增加会使 Y 也增加，Y* 和 Y 将呈正相关。

这样一来，当资本流动低且汇率固定时，国外的财政扩张政策会使国内产出增加，促进经济周期的同步。

资本流动性低且汇率固定的国内经济（有冲销和无冲销）

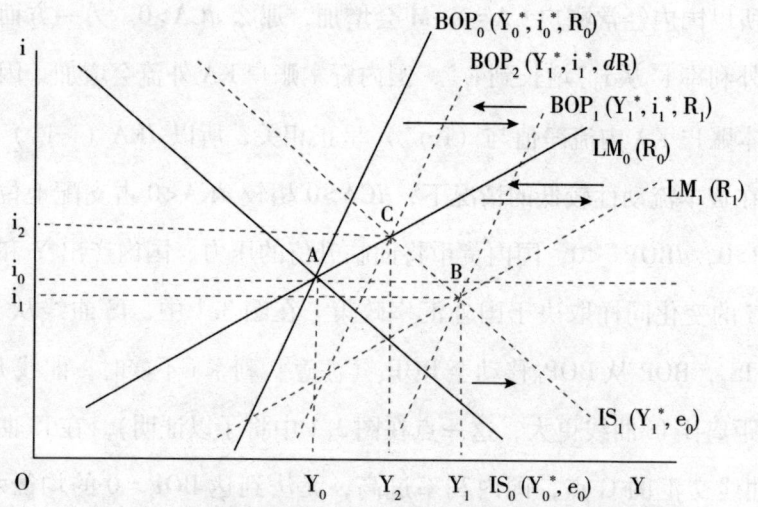

图 3.1 资本流动性低且汇率固定的国内市场中国外财政扩张 F. P.* 机制的 IS-LM 模型

有冲销和无冲销①：

国内市场汇率固定且资本流动性低时，国外汇率市场上的冲销式干

---

① 冲销是国外汇率市场中的一种干预政策，用来抵消公开市场操作的效果，从而防止某种汇率市场干预行为改变货币基数。有冲销式干预时，购买外汇总是伴有同等价值规模的国内债券，反之亦然（参见 Deardorff，2006）。

预和非冲销式干预会影响国外财政扩张（F.P.*）对国内经济的溢出效果。

对于国内经济来说，因为 BOP>0，国内货币将面临升值的压力。在固定汇率政策下，为了维持固定的汇率，政府会用国内债券或国内货币从国外汇率市场购买国际储备 R，从而国际储备 R 会增加。

没有冲销式干预时，政府允许干预带来的国际储备 R 变化影响货币基数。在这种情况下，货币基数会随着国际储备 R 的上涨而增大。与此同时，货币供应 Ms 也会增加。在图 3.1 中，LM_0 向右移动至 LM_1 并在 LM_1 处保持稳定。在新的均衡点 B，国内产出 Y 会从 Y_0 增加至 Y_1，而国内利率 i 也会从 i_0 降低至 i_1。

有冲销式干预时，政府会冲销国外汇率市场上其干预对货币基数的影响，以确保因干预带来的国际储备 R 增加不会影响国内货币基数，LM_1 将返回至 LM_0。因此，有冲销式干预时，自主性交易中的失调会持续被官方储备交易冲销。在新的均衡点 C，国内产出 Y 会从 Y_0 增加至 Y_2，而国内利率 i 也会从 i_0 增加至 i_2。

因此，资本流动性低且汇率固定时，不论有没有冲销式干预，国外的财政扩张政策都会使国内产出增加，促进经济周期的同步。

当汇率浮动时，LM_0 固定不动，而国内货币会因 BOP>0 而升值。在图 3.2 中的 B 点，由固定不动的 LM_0 和 IS_1 的交点决定的 i_1 过高，无法达到均衡水平从而使 BOP=0，也就是说在 B 点，BOP>0。由于国外汇率上涨，出口 X 会降低，而进口 M 会升高。IS 曲线从 IS_1 向左移动至 IS_2。同时，曲线 BP 也会从 BOP_1 向左移动至 BOP_2，形成新的均衡点 C。在新的均衡点 C，国内产出 Y 会从 Y_0 增加至 Y_2，国内利率 i

也会相应地从 i_0 增加至 i_2。这样一来，Y^* 增加使 Y 也增加，Y^* 和 Y 呈正相关。

资本流动性低且汇率浮动的国内经济（有冲销和无冲销）

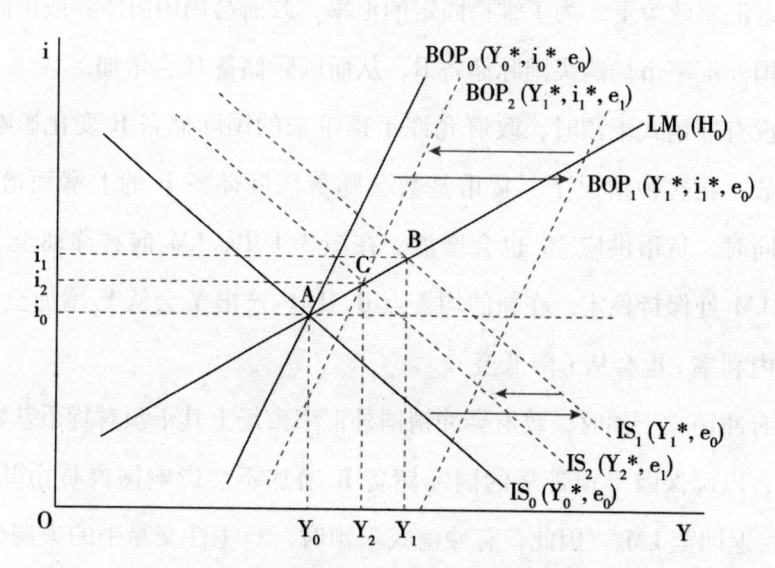

图 3.2　资本流动性低且汇率浮动的国内市场中国外财政扩张 F. P.* 机制的 IS-LM 模型

因此，资本流动性低且汇率浮动时，国外的财政扩张政策会使国内产出增加，促进经济周期的同步。

在资本流动性较高的情况下，dKA<0 相较 dCA>0 占支配地位，则 dBOP<0。国内货币将面临贬值的压力。国内产出 Y 的变化同样取决于国外汇率政策。在图 3.3 中，IS 曲线从 IS_0 移动至 IS_1，而曲线 BP 从 BOP_0 移动至 BOP_1。IS_1 和 LM_0 的交点在 BOP_1 的右侧，表示BOP<0。在 B 点，由 IS_1 和 LM_0 的交点决定的国内汇率过低，无法维持国际收支均衡（BOP=0），因此在 B 点，BOP<0。

第三章 宏观经济政策溢出效应分析

在固定汇率制度下,BOP = CA + KA + dR,没有冲销式干预时,$dR = 0$,BOP = CA + KA,国际储备 R 下跌至较低水平,且国际储备水平不影响曲线 BP。货币供应 Ms = mm * (D+R) 增加,LM 曲线从 LM_0 向左移动至 LM_1。在均衡点 C,国内产出 Y 从 Y_0 增加至 Y_2,国内利率 i 相应地从 i_0 上升至 i_2。在这种情况下,Y^* 增加使 Y 也增加,Y^* 和 Y 呈正相关。

资本流动性高且汇率固定的国内经济(有冲销和无冲销)

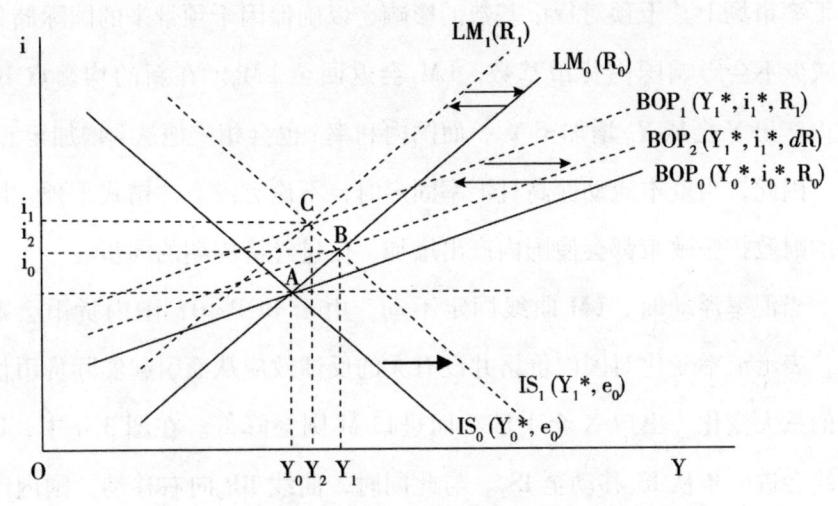

图 3.3 资本流动性高且汇率固定的国内市场中国外财政扩张 F. P.* 机制的 IS-LM 模型

因此,资本流动性高且汇率固定时,在没有冲销式干预的情况下,国外的财政扩张政策会使国内产出增加,促进经济周期的同步。

对于国内经济来说,因为 BOP < 0,国内货币将面临贬值的压力。在固定汇率政策下,为了维持固定的汇率,政府会出售国际储备 R,购买国内货币,从而国际储备 R 和高能货币 H 会减少。

有冲销和无冲销：

没有冲销式干预时，政府允许干预带来的国际储备变化影响货币基数。在这种情况下，随着国际储备 R 减少，货币基数和高能货币 H 会降低。同时，货币供应 Ms 也会减少。在图 3.3 中，LM_0 会移动至 LM_1 并在 LM_1 处保持稳定。C 点表示新的均衡状态。在新的均衡点 C，国内产出 Y 会从 Y_0 增加至 Y_2，而国内利率 i 也会相应地从 i_0 增加至 i_2。

有冲销式干预时，国际储备水平持续下降（$dR<0$），政府会冲销国外汇率市场上其干预对货币基数的影响，以确保因干预带来的国际储备 R 减少不会影响国内货币基数。LM_1 会返回至 LM_0。在新的均衡点 B，国内产出 Y 会从 Y_0 增加至 Y_1，而国内利率 i 也会相应地从 i_0 增加至 i_1。

因此，当资本流动性高且汇率固定时，不论有没有冲销式干预，国外的财政扩张政策都会使国内产出增加，促进经济周期的同步。

当汇率浮动时，LM 曲线固定不动，由于 BOP<0，国内货币会贬值，表示汇率变化对国内价格并没有大的反馈效应从而引起实际货币供应的重大变化。出口 X 会上涨，而进口 M 则会降低。在图 3.4 中，IS 曲线会进一步从 IS_1 移动至 IS_2。与此同时，曲线 BP 向右移动。国内产出 Y 会从 Y_0 增长至 Y_2，而国内利率 i 会相应地从 i_0 增长至 i_2。在这种情况下，Y^* 增加会使 Y 也增加，Y^* 和 Y 将呈正相关。

因此，资本流动性高且汇率浮动时，国外的财政扩张政策会使国内产出增加，促进经济周期的同步。

关于曲线 BP 和 IS 曲线相对移动程度的讨论：

分别取曲线 BP 方程和 IS 曲线方程的一阶导数：

IS 曲线：$dX - dM - dS = 0$

$$X_Y \cdot (dY^*) - M_Y(dY) - S_Y(dY) = 0, where X_Y = \frac{\partial X}{\partial Y^*}$$

$$(M_Y + S_Y)dY = X_Y \cdot (dY*)$$

$$dY/dY* = X_Y \cdot /(M_Y + S_Y)$$

曲线 BP：$dX - dM = 0$

$$X_Y \cdot (dY^*) = M_Y(dY)$$

$$dY/dY^* = X_Y \cdot /M_Y$$

按照假设，边际储蓄倾向为正，即 $S_Y > 0$。

则 $X_Y \cdot /(M_Y + S_Y) < X_Y \cdot /M_Y$。曲线 BP 的移动距离比 IS 曲线更大。

资本流动性高且汇率浮动的国内经济（有冲销和无冲销）

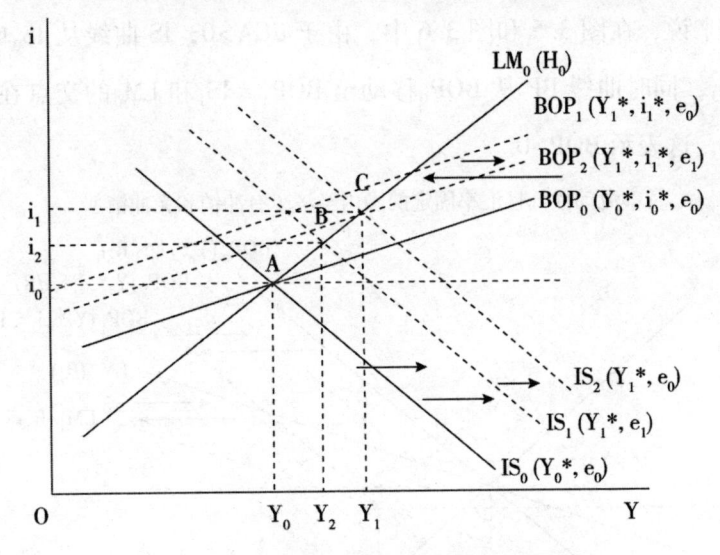

图 3.4 资本流动性高且汇率浮动的国内市场中国外财政扩张 F. P.* 机制的 IS-LM 模型

第三节 外国的货币扩张政策对本国经济的影响

国外货币供应 Ms^* 增加，LM^* 曲线会向右移动，使 Y^* 增加，i^* 减少。一方面，当国外产出 Y^* 从 Y_0^* 增加到 Y_1^*，由于 $X=f(Y^*,e)$，国内出口也会上涨，所以国内货币账户 $dCA>0$。另一方面，随着国外利率 i^* 从 i_0^* 降低至 i_1^*，国内资本账户 KA 外流会增加，$KA=KA(i-i^*)$，所以 $dKA>0$。

不论货币流动性如何，$BOP>0$，国外货币面临增值的压力。对于国内经济来说，在图 3.5 和图 3.6 中，由于 $dCA>0$，IS 曲线从 IS_0 向右移动至 IS_1，同时曲线 BP 从 BOP_0 移动至 BOP_1。IS_1 和 LM_0 的交点在 BOP_1 的右侧，这表示 $BOP>0$。

资本流动性低且汇率固定的国内经济（有冲销和无冲销）

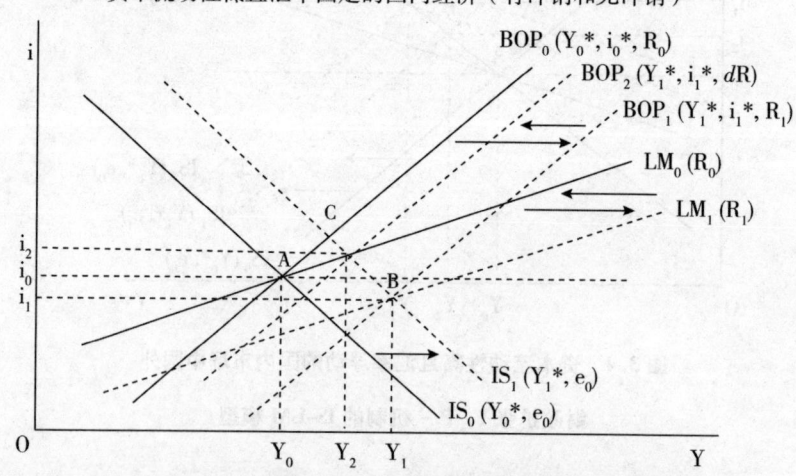

图 3.5 资本流动性低且汇率固定的国内市场中国外货币扩张 M.P.* 机制的 IS-LM 模型

在固定汇率制度下，没有冲销式干预时，政府会从国外汇率市场购买国际储备 R 以维持稳定的汇率。随着国际储备 R 增加，货币供应 Ms=mm*H=mm*(R+D) 也会增加。LM 曲线从 LM_0 向右移动至 LM_1，然后国内产出 Y 从 Y_0 增加至 Y_1。在这种情况下，Y^* 和 Y 将呈正相关。

因此，汇率固定时，不论有没有冲销式干预，国外的财政扩张政策都会使国内产出增加，促进经济周期的同步。

有冲销和无冲销：

国内市场汇率固定时，国外汇率市场上的冲销式干预和非冲销式干预都会影响国外货币扩张（M.P.*）的溢出效果。

国际收支出现顺差时，表示国外汇率市场中存在对国内货币过剩的需求，汇率面临上涨的压力。为了维持稳定的汇率，政府不得不用国内债券或国内货币购买国际储备 R。

资本流动性高且汇率固定的国内经济（有冲销和无冲销）

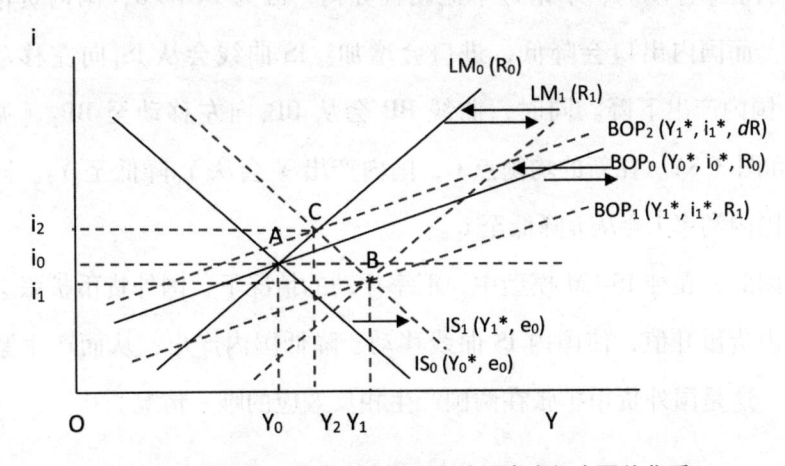

图 3.6　资本流动性高且汇率固定的国内市场中国外货币
扩张 M. P.* 机制的 IS-LM 模型

没有冲销式干预时，政府允许干预带来的国际储备 R 变化影响货币基数。在这种情况下，货币基数会随着国际储备 R 的上涨而增大。与此同时，由于 Ms = mm * H = mm * (R+D)，货币供应 Ms 也会增加。在图 3.5 和图 3.6 中，曲线 LM_0 从移动至 LM_1。国内产出 Y 会从 Y_0 增长至 Y_1，而国内利率 i 也会从 i_0 降低至 i_1。没有冲销式干预时，新的均衡点是 B 点。

有冲销式干预时，政府会冲销国外汇率市场上其干预对货币基数的影响，以确保因干预带来的国际储备 R 增加不会影响国内货币基数。LM_1 将返回至 LM_0。在新的均衡点 C，国内产出 Y 会从 Y_0 增加至 Y_2，而国内利率 i 也会从 i_0 增加至 i_2。

因此，在汇率固定的情况下，不论资本流动性如何，不论有没有冲销式干预，国外的财政扩张政策都会使国内产出增加，促进经济周期的同步。

当汇率浮动时，不论资本流动性如何，因为 BOP>0，国内货币会增值。而国内出口会降低，进口会增加。IS 曲线会从 IS_1 向左移动至 IS_2，国内产出下降。同时，曲线 BP 会从 BP_1 向左移动至 BP_2（见图 3.7 和图 3.8）。在新的均衡点 C，国内产出 Y 会从 Y_0 降低至 Y_2。同样地，国内利率 i 会从 i_0 降低至 i_2。

因此，在纯 IS-LM 模型中，汇率浮动的情况下，国外货币扩张会引起国内货币升值，使国内 IS 曲线移动，降低国内产出，从而产生紧缩效应。这是国外货币扩张在两国产生相反效应的唯一情况。

资本流动性低且汇率浮动的国内经济（有冲销和无冲销）

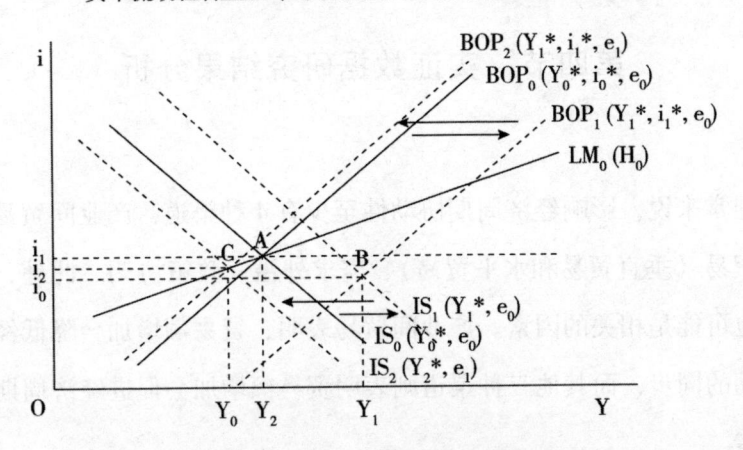

图 3.7 资本流动性低且汇率浮动的国内市场中国外货币

扩张 M. P.* 机制的 IS-LM 模型

资本流动性高且汇率浮动的国内经济

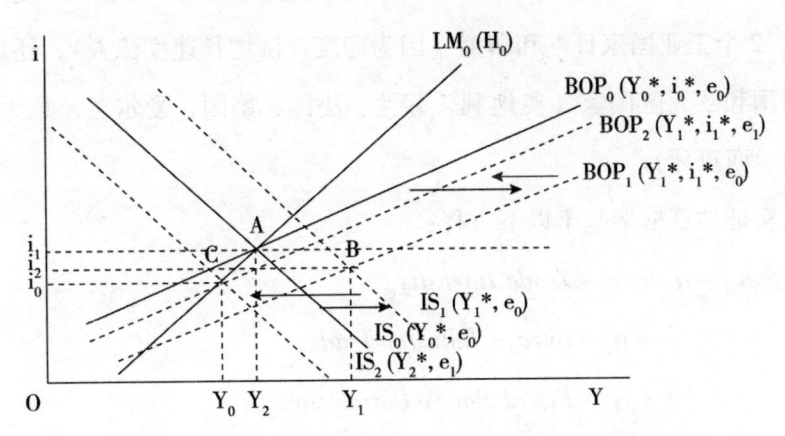

图 3.8 资本流动性高且汇率浮动的国内市场中国外货币

扩张 M. P.* 机制的 IS-LM 模型

第四节 实证数据研究结果分析

通常来说,影响经济周期协动性至少有4种渠道:产业间贸易、产业内贸易(垂直贸易和水平贸易)、需求外溢、政策协调。此外,资本流动也可能是相关的因素。产业间贸易表明,贸易额增加会降低经济周期波动的同步,而其他三种渠道则表明贸易额增加会促进经济周期波动的同步。

根据东亚国家的出口型发展道路以及贸易伙伴间溢出效应的讨论,本研究选取11个东亚经济体,其中包括9个新兴经济体(中国、中国香港、中国台湾、新加坡、韩国、菲律宾、泰国、马来西亚、印度尼西亚),2个工业国家日本和印度(因为印度经济增长速度惊人),还选取了美国和欧元区国家(奥地利、芬兰、法国、德国、爱尔兰、意大利、荷兰、西班牙)。

实证估算框架基于以下方程:

$$Syn_{ijt} = \alpha_0 + \alpha_1 * Trade\ Intensity_{ijt}$$
$$+ \alpha_2 * Intra-Industry\ Trade_{ijt}$$
$$+ \alpha_3 * Fiscal\ Policy\ Correlations_{ijt}$$
$$+ \alpha_4 * Monetary\ Policy\ Correlations_{ijt}$$
$$+ \alpha_5 * Exchange\ Rate\ Movement_{ijt}$$
$$+ \varepsilon_{ijt} \qquad 公式(3.7)$$

$$Intra-trade\ Intensity = IIT * Trade\ Intensity \qquad 公式(3.8)$$

$$Inter-trade\ Intensity = (1-IIT)*Trade\ Intensity \quad 公式\ (3.9)$$

其中经济周期同步程度用两个国家之间 GDP 周期成分的同期双边相关系数进行计算:

$$Corr(i,j)_t = Corr(GDP_{it}, GDP_{jt})$$
$$= cov(GDP_{it}, GDP_{jt})/[var(GDP_{it})*var(GDP_{jt})]^{1/2}$$
$$公式(3.10)$$

$$Syn(i,j)_t = Corr(trams)_{ijt}$$
$$= (1/2)*ln[(1+corr_{ijt})/(1-corr_{ijt})] \quad 公式\ (3.11)$$

本研究使用的是 Fiscal Policy Correlations$_{ijt}$ = Corr[Govspending$_{it}$/GDP$_{it}$, Govspending$_{jt}$/GDP$_{jt}$], 即国家 i 和国家 j 之间一般政府最终消费支出与 GDP 比率的去趋势值相关性, 而非 Fiscal Policy Correlations$_{ijt}$ = Corr[($G_{it}-T_{it}$)/Y_{it}, ($G_{jt}-T_{jt}$)/Y_{jt}], 因为前者估算的是财政变量变化的活跃部分, 这才是相关的因素。

Monetary policy correlations $(i,j)_t$ 等于每对国家的广义货币或年度增长率 M_2 的相关系数。汇率变动用名义双边汇率稳定性计算, 用其标准差除以平均数 (Nguyen, 2007):

$$Exchange\ Rate\ Movement = Standard\ Deviation(NER_{ijt})/Mean(NER_{ijt}) \quad 公式\ (3.12)$$

其中, NER$_{ijT}$ 表示国家 i 和国家 j 在时期 T 内的名义双边汇率。通过与美元的汇率换算计算名义双边汇率。汇率变动用其标准差计算, 并且由于更稳定 (波动较少) 的汇率很可能会带来更高的同步性, 该系数值会是负数。

实证分析结果 (表 3.1a、表 3.1b、表 3.2a、表 3.2b) 表明, 在多

数情况下,产业间贸易的各项系数为正,且在5%的水平上显著。此外,除了采用固定效应的面板回归分析,在多数情况下,贸易强度的各项系数也保持为正,在5%的水平上显著。控制变量的各项系数,即财政政策相关性系数、货币政策相关性系数、汇率运动系数,在整体上都表现出预期的特征。在混合回归和采取随机效应的面板回归中,财政政策的相关性系数一直为正,总体上在5%的水平上显著。同时,汇率运动的系数一直为负,与预期一致,并且在5%的水平上显著,这表示汇率稳定(低易变性)是促进经济周期同步的重要因素。尽管在多数情况下货币政策的系数为正,但并不恒为正。而货币政策相关性的系数则在一些情况下出现负值,不过并不显著,而且负值较小。

总而言之,汇率固定时,不论有没有冲销式干预,国外的扩张性政策(包括财政扩张政策和货币扩张政策)会在国内经济中产生扩张效应,进一步促进经济周期同步。但当汇率浮动时,国外货币扩张性政策会在国内产生紧缩效应,而国外财政扩张性政策则仍然会在国内经济产生扩张效应。因此,汇率浮动条件下的国外货币扩张政策是两国产生相反效应的唯一情况。如果国外并不同时实行财政扩张政策和货币扩张政策,那么二者产生的效应会彼此加强,但汇率浮动的情形除外,这种情形下二者的净效应可能加强也可能减弱,取决于效应的相对强度。

表 3.1a 11 个亚洲经济体、美国和欧元区国家之间贸易对经济周期协同性的影响（线性去趋势和混合回归）

	1	2	3	4	5	6	7	8	9	10	11	12
wx	0.226***						0.192**			0.183**		
	(2.62)						(2.22)			(2.11)		
wm		0.231***						0.194**			0.185**	
		(2.65)						(2.20)			(2.10)	
wt			0.281***						0.237**			0.229**
			(2.99)						(2.49)			(2.41)
IIT_2				0.412***								
				(2.54)								
IIT_3					0.542***				0.450**			
					(2.71)				(2.19)			
IIT_4						0.669***	0.483**	0.468**		0.628**	0.614**	0.595**
						(2.84)	(2.37)	(2.28)		(2.55)	(2.48)	(2.41)
FP corr	0.137**	0.146**	0.132*	0.154**	0.160**	0.165**	0.151**	0.156**	0.146**	0.156**	0.162**	0.152**
	(1.98)	(2.11)	(1.90)	(2.27)	(2.34)	(2.42)	(2.20)	(2.26)	(2.11)	(2.27)	(2.34)	(2.19)
MP corr	0.123	0.090	0.115	0.052	0.07	0.078	0.081	0.052	0.077	0.091	0.062	0.086
	(1.38)	(1.01)	(1.29)	(0.69)	(0.79)	(0.89)	(0.91)	(0.57)	(0.86)	(1.03)	(0.70)	(0.97)
NER	−1.212***	−1.182***	−1.152***	−1.243***	−1.179***	−1.099***	−1.064***	−1.050***	−1.027***	−0.982***	−0.969***	−0.947***
	(−3.42)	(−3.31)	(−3.24)	(−3.56)	(−3.34)	(−3.15)	(−2.99)	(−2.93)	(−2.88)	(−2.72)	(−2.67)	(−2.62)
movement												
constant	0.444***	0.461***	0.431***	0.296***	0.289***	0.273***	0.279***	0.299***	0.281***	0.255***	0.273***	0.255***

续表

	1	2	3	4	5	6	7	8	9	10	11	12
	(5.96)	(6.28)	(5.75)	(2.96)	(2.88)	(2.68)	(2.76)	(2.94)	(2.77)	(2.45)	(2.61)	(2.45)
# of obs.	193	193	192	197	197	198	193	192	192	193	192	192
R^2	0.1439	0.1447	0.1526	0.1437	0.1456	0.1478	0.1689	0.1681	0.1739	0.1728	0.1722	0.1782
Adjusted R^2	0.1257	0.1265	0.1345	0.1165	0.1278	0.1302	0.1467	0.1457	0.1517	0.1506	0.1499	0.1561
Root MSE	0.52823	0.52888	0.52681	0.52579	0.52366	0.52171	0.52185	0.52336	0.52153	0.52064	0.52207	0.52019

注：(1) 因变量是在四个子时段，即 1976—1984（第一阶段），1985—1996（第二阶段），1997—2007（第三阶段）和 2008—2020（第四阶段），任意两个国家间的实际 GDP 相关系数（欧元区作为一个整体）。方程 (1)、(2)、(3) 中基于出口、进口和总贸易额对贸易强度系数 wx，wm，wt 做出界定。产业间贸易系数 IIT2、IIT3、IIT4 的界定在方程 (4) 中，分别基于国际贸易标准分类的二位码、三位码、四位码分类；(2) 三个新增的控制回归因子：FP corr，MP corr 和 NER（RER）协动性是财政政策相关性，货币政策相关性和名义（实际）汇率协动性的系数；(3) 括号里的值是 t 比率。"*"、"**"、"***" 分别指估算指标的系数在 10%、5% 和 1% 的水平显著。

第三章 宏观经济政策溢出效应分析

表 3.1b 11个亚洲经济体、美国和欧元区国家之间贸易对经济周期协同性的影响（线性去趋势和面板回归：固定效应）

	1	2	3	4	5	6	7	8	9	10	11	12
wx	0.267									0.089		
	(1.26)									(0.42)		
wm		0.267						0.100			0.068	
		(1.30)						(0.48)			(0.32)	
wt			0.295				0.059		0.093			0.114
			(1.30)				(0.27)		(0.41)			(0.50)
IIT_2				0.612***								
				(3.68)								
IIT_3					0.862***		0.843***	0.842***	0.847***			
					(3.40)		(3.11)	(3.11)	(3.12)			
IIT_4						1.019***				1.051***	1.053***	1.045***
						(3.17)				(3.09)	(3.03)	(3.07)
FP corr	0.142	0.140	0.142	0.143*	0.157*	0.165*	0.163*	0.157	0.157	0.168*	0.168	0.168*
	(1.42)	(1.38)	(1.40)	(1.58)	(1.67)	(1.74)	(1.69)	(1.61)	(1.60)	(1.74)	(1.71)	(1.71)
MP corr	0.183	0.174	0.171	0.132	0.123	0.112	0.131	0.131	0.133	0.131	0.126	0.126
	(1.50)	(1.41)	(1.38)	(1.27)	(1.07)	(0.96)	(1.10)	(1.09)	(1.11)	(1.10)	(1.05)	(1.05)
NER	−0.691	−0.670	−0.650	−0.82	−0.430	−0.444	−0.426	−0.378	−0.379	−0.365	−0.369	−0.345
	(−1.40)	(−1.35)	(−1.29)	(−0.94)	(−0.95)	(−0.96)	(−0.88)	(−0.77)	(−0.77)	(−0.75)	(−0.75)	(−0.70)
movement												
constant	0.346***	0.368***	0.338***	0.036	0.059	0.072	0.066	0.063	0.054	0.048	0.055	0.045

79

续表

	1	2	3	4	5	6	7	8	9	10	11	12
	(3.46)	(3.80)	(3.31)	(0.32)	(0.47)	(0.54)	(0.50)	(0.47)	(0.41)	(0.35)	(0.40)	(0.33)
# of obs.	193	193	192	197	197	198	193	192	192	193	192	192
R^2_within	0.0867	0.0882	0.0870	0.1687	0.1586	0.1473	0.1592	0.1613	0.1608	0.1586	0.1575	0.1586
R^2_between	0.2404	0.2556	0.2726	0.0807	0.0814	0.0811	0.1113	0.1217	0.1184	0.1123	0.1094	0.1220
R^2_overall	0.1329	0.1323	0.1429	0.1092	0.1181	0.1281	0.1317	0.1343	0.1349	0.1465	0.1429	0.1502
Sigma_e	0.5525	0.5532	0.5546	0.5123	0.5261	0.5307	0.5325	0.5340	0.5342	0.5326	0.5352	0.5349
Sigma_u	0.3297	0.3267	0.3237	0.3786	0.3602	0.3576	0.3562	0.3545	0.3550	0.3589	0.3593	0.3567
rho	0.2626	0.2586	0.2542	0.3217	0.3192	0.3122	0.3092	0.3059	0.3063	0.3122	0.3107	0.3078

注：同表 3.1a 注。

第三章 宏观经济政策溢出效应分析

表3.2a 11个亚洲经济体、美国和欧元区国家之间贸易对经济周期协同性的影响（HP滤波去趋势和混合回归）

	1	2	3	4	5	6	7	8	9	10	11	12
wx	0.187**											
	(2.26)											
wm		0.199**									0.155*	
		(2.38)									(1.83)	
wt			0.219**							0.146*		0.167*
			(2.40)							(1.75)		(1.81)
IIT_2				0.185**					0.193**			
				(1.76)					(2.07)			
IIT_3					0.346*			0.275	0.276			
					(1.81)			(1.39)	(1.40)			
IIT_4						0.633***	0.167**	0.179**				
						(2.84)	(2.00)	(2.10)				
FP corr	0.222***	0.229***	0.221***	0.228***	0.247***	0.258***	0.221***	0.228***	0.221***	0.606***	0.588**	0.591**
	(2.76)	(2.38)	(2.73)	(3.05)	(3.14)	(3.32)	(2.74)	(2.83)	(2.73)	(2.59)	(2.49)	(2.50)
MP corr	0.023	0.004	0.016	-0.004	-0.005	-0.006	0.0002	-0.021	-0.005	0.233***	0.239***	0.233***
	(0.26)	(0.05)	(0.18)	(-0.05)	(-0.06)	(-0.07)	(0.00)	(-0.24)	(-0.06)	(2.93)	(3.01)	(2.92)
NER	-1.190***	-1.153***	-1.159***	-1.213***	-1.183***	-1.045***	-1.090***	-1.07***	-1.08***	-0.002	-0.022	-0.008
movement	(-3.53)	(-3.38)	(-3.41)	(-3.87)	(-3.58)	(-3.15)	(-3.18)	(-3.10)	(-3.12)	(-0.02)	(-0.25)	(-0.09)
constant	0.428***	0.444***	0.423***	0.379***	0.332***	0.256***	0.325	0.345***	0.330***	-0.957***	-0.941***	-0.945***
										(-2.78)	(-2.72)	(-2.73)
										0.244***	0.260*	0.247*

续表

	1	2	3	4	5	6	7	8	9	10	11	12
	(6.03)	(6.30)	(5.90)	(3.88)	(3.44)	(2.63)	(3.32)	(3.52)	(3.37)	(2.44)	(2.60)	(2.46)
# of obs.	193	193	192	197	197	198	193	192	192	193	192	192
R^2	0.1478	0.1501	0.1322	0.1324	0.1414	0.1615	0.1583	0.1615	0.1610	0.1772	0.1801	0.1798
Adjusted R^2	0.1296	0.1320	0.1341	0.1195	0.1235	0.1441	0.1358	0.1390	0.1385	0.1552	0.1581	0.1578
Root MSE	0.50685	0.50814	0.5068	0.5142	0.50487	0.49763	0.50504	0.50536	0.50551	0.49934	0.49974	0.49982

注：(1) 因变量是在四个子时段，即 1976—1984（第一阶段），1985—1996（第二阶段），1997—2007（第三阶段）和 2008—2020（第四阶段），任意两个国家间的实际 GDP 相关系数（欧元区作为一个整体）。产业内贸易系数 IIT2、IIT3、IIT4 的界定在方程 (1)、(2)、(3) 中基于出口和进口总贸易额对贸易强度系数 wx, wm, wt 做出界定。三个新增的控制回归因子：FP corr, MP corr 和 NER（RER）协动性是财政政策相关性、货币政策相关性、三组政策相关性的系数；(3) 括号里的值是 t 比率。"*" "**" "***" 分别指估计指标系数在 10%、5% 和 1% 的水平显著。

表 3.2b 11 个亚洲经济体、美国和欧元区国家之间贸易对经济周期协同性的影响（HP 滤波去趋势和面板回归：固定效应）

	1	2	3	4	5	6	7	8	9	10	11	12
wx	0.095						-0.079			-0.079		
	(0.46)						(-0.37)			(-0.38)		
wm		0.067						-0.065			-0.128	
		(0.33)						(-0.32)			(-0.62)	
wt			0.037						-0.137			-0.147
			(0.17)						(-0.62)			(-0.67)
IIT_2				0.421***								
				(2.26)								
IIT_3					0.646***		0.685**	0.688***	0.712***			
					(2.63)		(2.60)	(2.61)	(2.70)			
IIT_4						0.888***				0.997***	1.032***	1.021***
						(2.89)				(3.06)	(3.10)	(3.13)
FP corr	0.126	0.112	0.124	0.123	0.118	0.111	0.117	0.12	0.116	0.115	0.123	0.117
	(1.11)	(0.98)	(1.08)	(1.12)	(1.08)	(1.02)	(1.06)	(1.07)	(1.05)	(1.05)	(1.12)	(1.06)
MP corr	0.026	0.041	0.024	-0.004	-0.009	-0.025	-0.008	0.002	-0.00002	-0.008	-0.0003	-0.0039
	(0.22)	(0.34)	(0.19)	(-0.06)	(-0.08)	(-0.22)	(-0.07)	(0.02)	(0.00)	(-0.07)	(0.00)	(-0.03)
NER	-0.423	-0.430	-0.444	-0.185	-0.169	-0.131	-0.18	-0.162	-0.194	-0.076	-0.094	-0.111
movement	(-0.91)	(-0.91)	(-0.94)	(-0.42)	(-0.39)	(-0.3)	(-0.39)	(-0.35)	(-0.41)	(-0.16)	(-0.20)	(-0.24)
constant	0.311***	0.325***	0.320***	0.083	0.079	0.050	0.08	0.069	0.078	0.023	0.01	0.028

续表

	1	2	3	4	5	6	7	8	9	10	11	12
	(3.29)	(3.55)	(3.30)	(0.76)	(0.64)	(0.39)	(0.62)	(0.53)	(0.60)	(0.18)	(0.08)	(0.21)
# of obs.	193	193	192	197	197	198	193	192	192	193	192	192
R^2_within	0.0227	0.0213	0.0208	0.0612	0.0763	0.0864	0.0782	0.0788	0.0811	0.0981	0.0998	0.1003
R^2_between	0.3662	0.4170	0.4206	0.1007	0.1103	0.128	0.0539	0.0574	0.0199	0.0748	0.0498	0.0426
R^2_overall	0.1426	0.1426	0.1381	0.0645	0.0821	0.1104	0.0566	0.0599	0.0406	0.0872	0.0729	0.0694
Sigma_e	0.5334	0.5375	0.5362	0.5187	0.5141	0.5124	0.5204	0.5224	0.5218	0.5147	0.5164	0.5163
Sigma_u	0.3342	0.3369	0.3392	0.3653	0.3517	0.3420	0.3653	0.3648	0.3755	0.3621	0.3702	0.3718
rho	0.2819	0.2821	0.2858	0.3267	0.3187	0.3083	0.3301	0.3278	0.3412	0.3311	0.3394	0.3415

注：同表 3.2a 注

第四章

动态因子模型的空间计量分析

第一节 面板数据模型的多维度回归分析

本研究在估算实证框架时使用 4 个子时期的年度数据（框架结构）：1980—1984 年，1985—1996 年，1997—2007 年，2008—2017 年。因为 1997 年亚洲爆发了金融危机，所以 1997—1998 年的数据可用作稳健性检验的比较。值得注意的是，2000—2001 年间的信息和通信技术泡沫扭曲了相关数据并夸大了经济周期的协动性，这一常规计算结果也可以作为假设，在将来进一步研究。另一个可以检验的时间点是亚洲自由贸易区成立的时间，即 1992 年。选择 1985 年作为分界点是参照 Kose, Otrok, 和 Prasad（2012）和 Kose, Otrok, 和 Whitman（2008）的研究，因为自 20 世纪 80 年代以来，全球贸易和资金流动明显增强，并且全球化时期的开端正值工业国家和非工业国家的经济周期不稳定性发生结构性下降。选择 1997 年和 2008 年作为分界点则是因为 1997 年亚洲金融危机以及 2008 年全球金融危机的爆发。

$$Syn(i,j)_t = \alpha_0 + \alpha_1 \times Trade\ Intensity\ (i,j)_t$$
$$+ \alpha_2 \times Intra\text{-}Industry\ Trade\ (i,j)_t$$
$$+ \alpha_3 \times Fiscal\ Policy\ Correlations\ (i,j)_t$$
$$+ \alpha_4 \times Monetary\ Policy\ Correlations\ (i,j)_t$$
$$+ \alpha_5 \times Exchange\ Rate\ Movement\ (i,j)_t$$
$$+ \alpha_6 \times Region + \alpha_7 \times period + \varepsilon_{ijt} \quad 公式(4.1)$$

$$Intra\text{-}trade\ Intensity = IIT \times Trade\ Intensity \quad 公式(4.2)$$

$$Inter\text{-}trade\ Intensity = (1-IIT) \times Trade\ Intensity \quad 公式(4.3)$$

其中，经济周期同步程度用两个国家之间 GDP 周期成分的同期双边相关系数进行计算：

$$Corr(i,j)_t = Corr(GDP_{it}, GDP_{jt})$$
$$= cov(GDP_{it}, GDP_{jt}) / [var(GDP_{it})$$
$$\times var(GDP_{jt})]^{1/2} \quad 公式(4.4)$$

$$Syn(i,j)_t = Corr_{trans,ijt}$$
$$= (1/2) \times \ln[(1+corr(i,j)t)/(1-corr(i,j)_t)]$$
$$\quad 公式(4.5)$$

$Fiscal\ Policy\ Correlations\ (i,j)_t = Corr[Govspending_{it}/GDP_{it},\ Govspending_{jt}/GDP_{jt}]$，即 i 国和 j 国间一般政府最终消费支出与 GDP 比率的去趋势值相关性，而非 Shin 和 Wang 采用的 $Corr[(G_{it}-T_{it})/Y_{it},(G_{jt}-T_{jt})/Y_{jt}]$，因为前者估算的是财政变量变化的活跃部分，这才是相关的因素。

$Monetary\ policy\ correlations\ (i,j)_T$ 是在时期 T 内，每对国家之间的

广义货币年增长率相关系数。汇率变动用双边名义汇率稳定性计算，用其标准差比平均数（Nguyen，2007）：

Exchange Rate Movement = Standard Deviation（NER$_{ijT}$）/Mean（NER$_{ijT}$）

公式（4.6）

其中 NER$_{ijT}$ 表示 i 国和 j 国在时期 T 内的双边名义汇率。通过与美元的汇率换算计算双边名义汇率。汇率变动用其标准差计算，并且由于更稳定的汇率很可能会带来更高的同步性，该系数值会是负数。*Fiscal Policy Correlation*，*Monetary policy correlation* 以及 *Exchange Rate Movement* 三个变量之间的相关系数表明它们之间不存在相关性问题。

Frankel 和 Rose 的贸易强度估算方法运用如下自然对数：

$$WT_{ijt} = (X_{ijt} + M_{ijt})/(X_{i,t} + X_{j,t} + M_{i,t} + M_{j,t})$$ 公式（4.7）

$$WY_{ijt} = (X_{ijt} + M_{ijt})/(Y_{i,t} + Y_{j,t})$$ 公式（4.8）

Shin 和 Wang 用如下的自然对数进行进一步补充：

$$WX_t(i,j) = X_{ijt}/(X_{it} + X_{jt})$$ 公式（4.9）

$$WM_t(i,j) = M_{ijt}/(M_{it} + M_{jt})$$ 公式（4.10）

这两种方法的使用让双边贸易强度有三种不同的指标：出口额、进口额和进出口总额。T 表示每个时期的年数。

$$wx(i,j,T) = ln\left(\frac{1}{|T|} \sum_{t \in T} \frac{x_{ijt}}{X_{it} + X_{jt}}\right)$$ 公式（4.11）

$$wm(i,j,T) = ln\left(\frac{1}{|T|} \sum_{t \in T} \frac{m_{ijt}}{M_{it} + M_{jt}}\right)$$ 公式（4.12）

$$wt(i,j,T) = ln\left[\frac{1}{|T|} \sum_{t \in T} \frac{x_{ijt} + m_{ijt}}{(X_{it} + X_{jt}) + (M_{it} + M_{jt})}\right]$$ 公式（4.13）

对于产业内贸易强度，用《国际标准产业分类》体系的一位码至五位码分类方法对每个制造业进行分类，再用 Vrubel 和 Lloyd（1975）的如下计算方法进行估算：

$$IIT(i,j,T) = \frac{1}{|T|} \sum_{t \in T} \left[\frac{\sum_k (x_{ijt}^k + m_{ijt}^k) - \sum_k (x_{ijt}^k - m_{ijt}^k)}{\sum_k (x_{ijt}^k + m_{ijt}^k)} \right]$$

公式（4.14）

总体来说，不论基于出口额、进口额还是进出口贸易总额，贸易强度都经历了持续性的增长，这表明亚洲国家、美国和欧洲国家正在成为彼此越来越重要的贸易伙伴。对于产业内贸易的估算，不论使用一位码、二位码、三位码、四位码还是五位码分类来计算产业内贸易指标，这种变化趋势都在持续增强（Li，2016）。

本部分通过使用线性去趋势的方法对 1980—2017 年的数据进行面板回归分析。表 4.2 的 HP 滤波趋势回归结果是表 4.1 的稳健性检验。在不加入体现空间因素的地区（Region）和时段（Period）变量的情况下［请见表 4.1 中的回归结果从第（1）栏到第（4）栏］，产业内贸易系数均为正，且在 10% 显著性水平上具有统计上的显著性，这表明产业内贸易与实际 GDP 增长同步化之间存在显著的正相关性。产业内贸易系数在数值上比贸易强度系数平均大 3 倍，这表明产业内贸易对经济周期协动性的影响程度超过了贸易强度指标的影响程度。财政政策和货币政策系数的取值均为正，汇率波动系数的取值为负值，这三个控制变量的系数取值正负与预期相一致。从理论上来说，货币政策和财政政策的相关性越强，汇率稳定性就越高（汇率的变动幅度越小），越可能提高经济周期的同步性。财政政策相关性系数介于 0.132~0.133 之间，而货币政策的相关性系数约为 0.035~0.038，低于财政政策系数。考虑到不同政策相关性变量的系数可以进行比较，汇率波动系数数值通常大于0.6，而小于1。然而，从控制变量意义的角度来看，与汇率协动性相反，财政政策和货币政策比以上任何一个系数都更具有可比性，因为财政政策和货币政策都是通过相关比率或增长率的相关性计算得出的，而汇率波动性在计算时没有运用相关性，它的值只是名义双边汇率的标准差与其平均值之比。

当加入体现空间因素的地区（Region）和时段（Period）变量之后，产业内贸易指数和常数项的统计显著性明显下降，且在10%的显著性水平下变得不显著，同时，地区与时段变量在1%的显著性水平上具有较强的统计显著性。地区因素的系数为负，表明距离对经济周期协动的影响呈现负相关关系。财政政策相关性的系数仍然在5%的显著性水平上具有统计显著性，但是系数的大小下降0.016~0.018。货币政策与汇率波动性的系数符合与预期的一致，货币政策相关性系数依然不显著，但汇率波动性的系数变得不显著。由此可见，地区因素和时段因素对经济周期的影响力在很大程度上可能会超过贸易渠道及政策合作对经济周期的影响程度。在表4.1第（5）栏到第（7）栏的回归结果中，可以将时段（Period）因素近似地看作全球影响因子，地区（Region）影响因素近似地看作地区影响因子。动态因子模型将进一步探讨全球影响因子、地区影响因子、国家影响因子对经济周期协动性的影响程度。

表4.1 贸易对11个亚洲国家（地区）、美国以及欧元区之间的经济周期协动的影响（Linear De-trended）

	(1)	(2)	(3)	(4)	(5)	(6)	(7)
wx	0.120				0.622		
	(1.192)				(0.958)		

续表

	(1)	(2)	(3)	(4)	(5)	(6)	(7)
wm		-0.141				-0.014	
		(0.854)				(0.783)	
wt			-0.0434				0.429
			(1.287)				(1.122)
IIT	0.321*	0.329*	0.324*	0.323*	0.219	0.230	0.218
	(0.171)	(0.175)	(0.173)	(0.170)	(0.150)	(0.159)	(0.152)
财政政策	0.132**	0.133**	0.133**	0.133**	0.115**	0.116**	0.115**
	(0.058)	(0.058)	(0.058)	(0.058)	(0.058)	(0.058)	(0.058)
货币政策	0.038	0.035	0.036	0.0364	0.060	0.053	0.057
	(0.070)	(0.069)	(0.070)	(0.068)	(0.066)	(0.063)	(0.066)
汇率波动性	-0.659***	-0.661***	-0.659***	-0.6592***	-0.365	-0.373	-0.370
	(0.221)	(0.221)	(0.221)	(0.221)	(0.350)	(0.351)	(0.349)
Period					0.161***	0.159***	0.161***
					(0.048)	(0.048)	(0.048)
Region					-0.324***	-0.324***	-0.324***
					(0.057)	(0.057)	(0.058)
常数项	0.278***	0.281***	0.280***	0.280***	-0.185	-0.169	-0.178
	(0.105)	(0.103)	(0.104)	(0.103)	(0.209)	(0.203)	(0.210)

注：括号内的数值为相应变量的标准差；*** 表示 $p<0.01$，** 表示 $p<0.05$，* 表示 $p<0.1$。因变量为两个国家之间的实际GDP的相关性（欧元区视为一个整体），分为4个子时期：1980—1984年，1985—1996年，1997—2007年与2008—2017年。产业内贸易指数IIT以国际贸易标准分类（SITC）一位码分类计算。SITC二位码，三位码，四位码以及五位码分类分别用来计算IIT2，IIT3，IIT4和IIT5，但由于篇幅有限，数据结果不在此展示。

表 4.2　贸易对 11 个亚洲国家（地区）、美国以及欧元区之间的

经济周期协动的影响（HP Filter De-trended）

	(1)	(2)	(3)	(4)	(5)	(6)	(7)
wx	1.156				1.594**		
	(1.142)				(0.772)		
wm		0.842				0.986	
		(0.821)				(0.643)	
wt			1.209				1.761*
			(1.234)				(0.950)
IIT	0.390**	0.368**	0.380**	0.408**	0.212	0.191	0.194
	(0.163)	(0.166)	(0.164)	(0.162)	(0.144)	(0.156)	(0.149)
财政政策	-0.023	-0.024	-0.023	-0.021	-0.020	-0.021	-0.020
	(0.060)	(0.060)	(0.060)	(0.060)	(0.062)	(0.062)	(0.061)
货币政策	-0.004	-0.007	-0.003	-0.017	-0.004	-0.010	-0.002
	(0.072)	(0.071)	(0.072)	(0.070)	(0.076)	(0.074)	(0.076)
汇率波动性	-0.915***	-0.913***	-0.924***	-0.920***	-0.420	-0.421	-0.427
	(0.215)	(0.215)	(0.215)	(0.215)	(0.317)	(0.320)	(0.317)
Period					0.211***	0.209***	0.212***
					(0.039)	(0.039)	(0.039)
Region					-0.183***	-0.179***	-0.179***
					(0.045)	(0.047)	(0.046)
常数项	0.374***	0.385***	0.380***	0.391***	-0.261	-0.240	-0.259
	(0.100)	(0.098)	(0.100)	(0.098)	(0.168)	(0.167)	(0.169)

注：同表 4.1 注

第二节 动态因子模型的国别及区域分析

图4.1展现了美国、德国、英国、日本、中国以及印度这6个有代表性国家的动态因子模型分解情况。通过对比调整数据范围之后的产出变动趋势以及不同层次的动态因子动向趋势，可以发现，2008年全球金融危机后，全球因子（factor_Global）受到来自美国、德国、英国、日本等发达国家产出的影响程度要远大于来自中国和印度等亚洲发展中国家的产出影响程度，这说明美国等发达国家仍然是世界经济周期的主导力量。从地区因子的角度分析，地区因子（factor_NorthAmerica，factor_Europe，factor_Developed Asia以及factor_Developing Asia）在解释国别经济周期波动时的影响力逐渐上升，而全球因子的解释能力在下降，尤其是2008年全球金融危机之后。

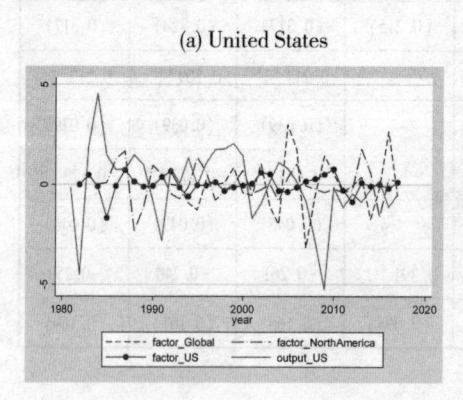

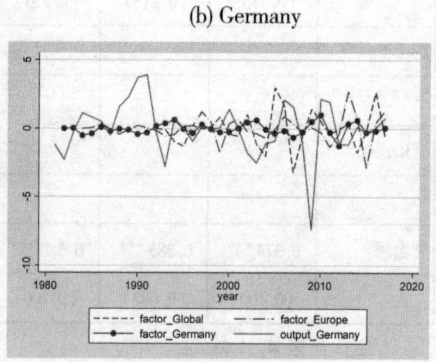

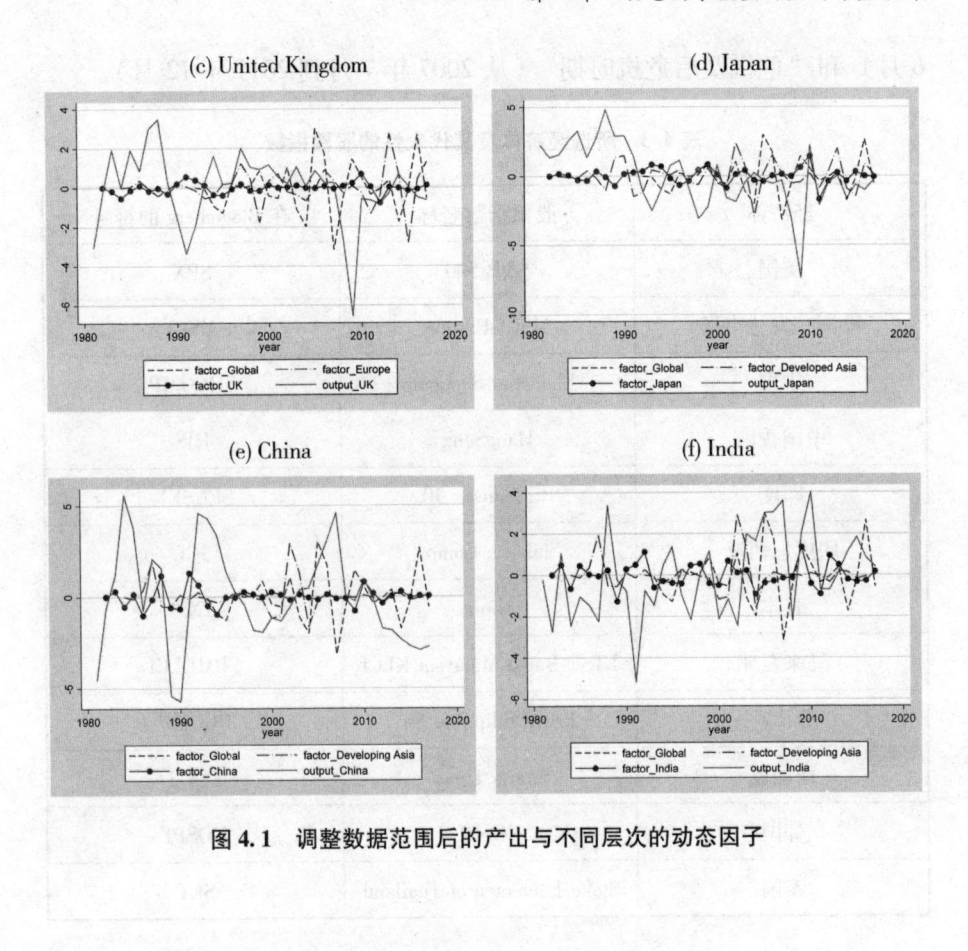

图 4.1 调整数据范围后的产出与不同层次的动态因子

第三节 全球金融危机对股票市场的影响

基于数据的可获得性并兼顾本书研究的侧重点，下面就从宏观层面入手，以股票市场金融传导渠道为例，研究 2008 年全球金融危机对所选的 10 个亚洲经济体和发达经济体之间的金融经济周期协动效应或"脱钩假说"进行分析。本研究选择的时间段为 2000 年 1 月到 2011 年 12 月（见表 4.3），其中包含"前危机时期"（从 2000 年 1 月到 2007 年

6月）和"危机及后危机时期"（从2007年7月到2011年12月）。

表4.3 所选经济体及其代表性的股票指数

经济体	股票指数名称	在Bloomberg的符号
美国	S&P 500	SPX
欧洲—发达市场	MSCI-Europe	MSCI
中国	Shanghai Se Comp	SHCOMP
中国香港	HangSeng	HIS
印度	BSESensex 30	SENSEX
印度尼西亚	Jakarta Comp	JCI
日本	Topix	TXP
马来西亚	FTSE Bursa Malaysia KLCI	FBMKLCI
菲律宾	PSEIPhilippine Se	PCOMP
新加坡	Straits Times	FSSTI
韩国	KOSPI	KOSPI
泰国	Stoke Exchange of Thailand	SET

实证研究方法主要采用静态最小二乘法的面板固定效应模型和动态VAR多因素分析法探讨发达经济体的股市对亚洲股市的影响探讨金融经济周期的"脱钩假说"是否成立。

最小二乘法的面板固定效应模型是一种统计模型为：

$$y_{it} = \beta_0 + X_{it}\beta + Z_i + \alpha_i + \mu_{it} \qquad 公式（4.15）$$

其中，y_{it}为对于个体i在t时期的因变量，X_{it}为随时间变化的解释变量，Z_i为不随时间变化的定常回归量，α_i为未被观测的个体因素，

μ_{it} 为个体 i 在 t 时期的误差项。假设固定效应 α_i 与 X_{it} 和 Z_i 不是独立的，回归结果在考虑个体固定效应的基础上得到共同的回归系数。

动态 VAR 多因子分析法模型的简化形式如下：

$$y_t = c + A_1 y_{t-1} + A_2 y_{t-2} + \cdots A_p y_{t-p} + e_t \qquad 公式（4.16）$$

其中，y_t 是一组时间序列变量 $y_t = （y_{1t}，y_{2t}，\cdots y_{kt}）$，$A_i$s 为 kxk 系数矩阵，c 为一个 kx1 的常数向量，p 为模型的滞后阶数，e_t 为一个 kx1 的误差项，并且 e_ts 为连续不相关但可能同时相关的序列。动态 VAR 多因子分解模型在允许变量之间相互作用的前提下分析创新的影响冲击（InnovationShocks），并可以提供更多动态估计的解决方案。由于篇幅的限制，具体结果的图表就不在这里展示了。

表 4.4 的结果显示，代表全球金融经济周期分解因子的发达国家的股权收益（由 S&P 500 和 MSCI-Europe 组合而成）对于因变量亚洲经济体的股权收益影响在危机及后危机时期有所加强，表示亚洲经济体与欧美发达经济体之间的相互依存性在加强，从而不能支持亚洲经济体从欧美发达经济体中脱钩的假说。对于国内因素而言，汇率变化对亚洲经济体股权收益的影响显著并且为负数，这与经济理论中直接标价法的汇率值上升导致本国货币贬值从而减少外国对本国的投资进而导致股票价格下降的现象相吻合。然而，GDP 增长率对股票回报率有负面影响。这个结果无法解释正常情况下更高的 GDP 预计将提振股市，然而，在高 GDP 增长的情况下视为经济下降的开始点。更多的经验性研究将在未来将进一步探讨 GDP 对股票汇率的影响。

表4.4 对亚洲股本回报率在不同时期的影响因素分解

(面板固定影响最小二乘估计)

因变量为亚洲经济体的股权收益		
自变量	前危机时期 (1/2000—6/2007)	危机及后危机期 (7/2007—12/2011)
发达国家的股权收益	0.36***	0.47***
利息差额	0.0012	-0.0019
CPI 差额	0.00143	0.00144
汇率变化	-0.00006***	-0.00007***
GDP 增长率	-0.0011	-0.0004
R squared 拟合优度	0.25	0.54
观测值数量	739	499

注:*** 表示在1%的显著水平上,** 代表在5%的显著水平上,* 表示在10%的显著水平上。

综上所述,随着亚洲国家间贸易一体化程度的加深,国家之间的经济周期同步性会通过贸易传导而加大。经济周期协动性所受到的影响更多是来自产业内贸易渠道而不是贸易总量本身。地区影响因子和时段影响因子对经济周期的影响力在很大程度上可能会超过贸易渠道及政策合作对经济周期的影响程度。亚洲经济体与欧美发达经济体之间的相互依存性在加强,从而不能支持亚洲经济体从欧美发达经济体中脱钩的假说。值得注意的是,作为最优货币区的衡量标准之一,经济周期同步性的提高被人们过度强调。通过贸易渠道的经济周期传导并没有直接影响国际政策的调整,因为在此之前,不同国家之间可能已经达成对国际政策的共识,因而导致了经济周期的同步性提高。相反,如果经济周期同步性相对较低,这些国家则需要做出更大的政策调整。

随着世界各国经济和政治力量对比的变化和悬殊,人们发现存在于世界各国之间的经济周期并不是简单的协同性或非协同性,而是呈现出地缘政治经济博弈的复杂性与多重性。深入探究这种复杂的多重性则是构建异质性微观主体动态博弈模型的基础。通过构建动态多因子模型并对其进行分解,无论是作为政策制定者的政府还是作为政策接受者的厂商都可以对国际层面、国家层面、产业层面以及企业层面等不同层面的政策效应做出反应并找到有效的应对策略。

将理论模型运用于中国经济周期与世界经济周期协动性传导机制的研究中,关注经济周期及金融周期的相关理论运用,从地缘政治经济学的研究视角出发,以"一带一路"为立足点,考察中国经济与世界经济波动的相互关系及变动不仅具有重要的战略意义,还具有较高的理论和实践价值。一方面,未来的深入研究方向可以通过揭示影响中国经济与世界经济周期协动性的微观传导机制,在考虑中国企业异质性及贸易产品类别的基础上,提出相关的政策建议,促进中国企业出口结构的升级,实现中国经济持续稳定的发展;另一方面,将比较抽象的不可观测的动态分解因子与静态模型中的相关变量进行匹配,通过分别评估国际贸易、国际金融和投资及政策协调对中国经济与世界经济周期协动性的影响程度,为判断产业结构调整、加快金融改革、提高企业的贸易融资能力,从而促进中国经济的发展具有指导意义。

第五章

经济周期、金融一体化与国际政策协调[*]

第一节 "一带一路"背景下研究问题的提出

自 2008 年全球金融危机之后,世界经济增速放缓,全球化发展面临严峻挑战,贸易保护主义、区域经济一体化盛行,逆全球化态势明显。中国经济运行进入新常态以来,经济周期呈现出明显的主体下移和波动趋降的新态势(刘达禹,2020)。面对这样一个新的世界经济格局,2013 年 9 月和 10 月,习近平主席在出访中亚和东南亚国家期间,先后提出共建"丝绸之路经济带"和"21 世纪海上丝绸之路"的重大倡议,得到国际社会高度关注。同时,习近平主席在印尼国会上的演讲中郑重提出了"携手建设中国—东盟命运共同体"的倡议,这是继 2010 年中国—东盟自由贸易区(CAFTA)建立之后双方合作关系的进一步推进,这意味着中国要加强与东盟国家之间的经济周期协动性,推

---

[*] 感谢中国人民大学财政金融学院硕士研究生路平对这一章的贡献。

动区域经济一体化，共同面对机遇与挑战。在"一带一路"倡议由"大写意"向"工笔画"发展的这一重要阶段，深入研究"一带一路"国际宏观经济政策协调，进而充分发挥其保障作用显得尤为迫切（崔琪涌等，2020）。然而，"一带一路"这种新的国际合作方式能否如预期一样构建一个区域协调发展机制来共同抵御外部冲击？中国与"一带一路"沿线国家经济周期是否同步？跨国经济周期协动性存在哪些影响因素？影响因素又是通过怎样的渠道传导的？这些都是值得我们深思的问题。

当前，大多数学者对"一带一路"的研究停留在定性分析层面，鲜有学者在"一带一路"的背景下对经济周期协动性的具体传导机制，尤其是中国与东盟国家之间经济周期协动性的具体传导机制进行研究。本书通过实证方法研究中国与"一带一路"沿线国家经济周期协动性的传导渠道，进而深入研究中国与东盟区域经济一体化的发展方向，这不仅弥补了现有理论的缺陷，而且对中国实施"走出去"战略，构建人类命运共同体具有相当重要的政策启示意义。

第二节 经济周期传导机制的主要文献回顾

随着经济全球化的发展，国家之间的贸易、投资、金融和政策等联系不断加深，而冲击［包括技术创新、经济危机和国际油价波动等全球性共同冲击和特定国家或地区的政治危机等国别特定冲击（黄赜琳等，2018）］在国家之间的传导机制也变得越发复杂。很多学者都曾研究过经济周期协动性的传导机制,其中包括国际贸易、产业结构差异(专业化分工)以及金融一体化等传导渠道。

  目前大多数学者认为贸易是经济周期协动性最主要的传导渠道,但是他们的观点存在分歧。Frankel 和 Rose(1998)指出,贸易联系更紧密的国家会因为需求冲击或生产率溢出导致经济周期协动性加强,这些国家间经济一体化程度的提升更有可能满足建立一个货币联盟的要求。Rose 和 Engel(2000)也发现货币联盟内的国家之间贸易更多,相比不在货币联盟内的国家经济周期协动性加强。此外,Clark 和 van Wincoop(2001)研究发现由于美国各州之间的贸易联系比欧洲各国之间的贸易联系更紧密,前者的经济周期协动性高于后者。Baxter 和 Kouparitsas(2005)也得出了类似的结论,即双边贸易强度与经济周期协动性呈现显著的正相关。但是,Ruben 等(2002)和 Inklaar 等(2008)发现,贸易对经济周期协动性的影响程度比之前学者所提出的要小。Crosby(2003)主要利用1980—1999年13个贸易量较大的亚太地区国家的GDP和贸易数据进行研究,实证结果表明贸易并不能从很大程度上解释经济周期的协动性。更深入的研究表明,双边贸易对经济周期协动性的影响主要取决于贸易模式:产业内贸易,尤其是垂直型的产业内贸易是经济周期协动性加强的主要渠道,而产业间贸易促进专业化分工,进而减小经济周期的协动性。(Shin & Wang,2003;Luis & Maris,2007;Ng.,2010;Li.,2017)。此外,双边贸易对经济周期协动性的影响还取决于贸易品类别。梅冬州等(2012)研究发现消费品贸易规模与经济周期协动性负相关,而生产品贸易规模与经济周期协动性正相关。当然,二者之间的关系还与贸易品替代弹性有关。相同贸易规模的变动下，贸易品替代弹性越大，经济周期协动性变化越小。

产业结构差异（专业化分工）也是影响经济周期协动性的一个重要因素。当发生行业特定冲击时，产业结构相似的国家之间经济周期协动性较高。然而，Kraay 和 Ventura（2002）研究发现比较优势导致富国专业化于雇佣掌握新型技术的技术工人的行业，而穷国专业化于雇佣掌握传统技术的非技术工人的行业。即使不存在行业特定冲击，生产模式相似的富国或穷国面对宏观经济冲击也会表现为经济周期的协动性。Imbs（2004）指出专业化分工对经济周期协动性有相当大的直接影响，并且直接效应大于间接效应。陈磊和张军（2017）通过对金砖国家1996年第二季度至2015年第3季度的季度GDP数据研究也证实了这一结论，并且他们还按照各渠道对经济周期协动性影响的重要性进行了由大到小的排序（双边贸易强度、专业化分工、金融一体化和汇率波动性）。但是 Hsu 等（2011）通过对 1988—2002 年 77 对 OECD 国家之间的面板数据研究发现专业化分工只是对经济周期协动性有间接影响，通过贸易产生正向影响，而通过 FDI 产生负向影响。Baxter 和 Kouparitsas（2005）通过对 100 多个发达国家和发展中国家的研究发现产业结构对经济周期协动性的影响并不稳健。

很多学者普遍认为当国家特定冲击对收入产生影响时，国际金融市场之间的联系会影响个体平滑消费的能力，因此国际金融市场的联系（金融一体化）是经济周期协动的一个重要传导渠道。但是，Baxter 和 Crucini（1995）研究发现如果冲击对一个国家不是持续的或者冲击在国家之间迅速地转移，那么完全金融一体化的存在可能不重要；如果冲击对一个国家是持续的或者冲击不在国家间转移，那么金融一体化的程度对经济周期协动性极为重要。此外，学者们在金融一体化对经济周期协动性的影响上也存在着争议。一方面，金融一体化对经济周期协动性可能产生正向影响。由于投资者获得不完全的信息往往会产生"羊群效应"或者同时将资本撤出一些国家，限制资本流动会降低 GDP 的相关性（Calva & Mendoza, 2000）。Kose 等（2003）和 Imbs（2004, 2006）在他们的研究中强调了金融一体化在经济周期协动性中的积极作用。

一些学者（Acharya &Schnabl, 2010; Imbs, 2010; Cetorelli & Goldberg, 2011）通过金融一体化研究 2007—2009 年全球金融危机的蔓延以及对经济周期协动性的影响。另一方面，金融一体化可能降低国家之间经济周期协动性。Kalemli-Oscan 等（2003）研究表明专业化分工与风险分担之间存在着显著的正向关系，因此金融一体化带来跨国生产风险的分担有助于各国进行专业化生产，进而对经济周期协动性产生负向影响。此外，在国际市场上有限的借贷能力阻碍了各国之间资源的转移，可能提高 GDP 的相关性。Heatheote 和 Petri（2004）通过研究美国 1986—2000 年的数据发现美国金融一体化程度提高，但是却伴随着经济周期协动性的下降。他们发现这与布雷顿森林体系之后冲击在美国和其他国家之间的协动性降低以及金融一体化导致的国际投资组合的多样性增加有关。

不同类型以及不同时间的金融市场一体化对经济周期协动性的影响可能不同。Davis（2014）研究表明资本市场一体化（FDI 和间接投资）主要通过"财富效应"对经济周期协动性产生负向影响，而信贷市场一体化（负债）主要通过"资产负债表效应"，尤其是金融中介的资产负债表,对经济周期协动性产生正向影响。Kalemli-Oscan 等(2011)研究发现在 2007 年以前金融一体化对经济周期产生负向影响,但是在 2007 年后影响由负转正。

第三节 实证研究模型的构建及数据整理

为了比较全面地研究贸易、专业化分工、金融一体化以及政策协调性在中国与"一带一路"国家经济周期协动性中的传导机制,并且可以有效地克服单一方程估计可能存在的内生性、共线性问题,本书借鉴了 Ikbs(2004)、麦延厚等(2017)和黄赜琳等(2018)的方法,在现有文献的基础上,构建了联立方程模型。此外,本书对指标的测量方法进行了多方面的权衡,包括指标含义、数据的可获得性、数据的完整性等,最终将模型的具体形式设定如下:

$$Syn(c,t)_t = \alpha_0 + \alpha_1 T_{cit} + \alpha_2 IS_{cit} + \alpha_3 F_{cit} + \alpha_4 Fiscal_{cit} + \alpha_5 Monetary_{cit}$$

公式(5.1)

其中,$Syn(c,i)_t$ 代表 t 年中国与国家 i 之间的经济周期协动性,T_{cit}、IS_{cit}、F_{cit} 分别代表 t 年中国与 i 国的双边贸易强度、产业结构相似度和金融一体化程度。$Fiscal_{cit}$、$Monetary_{cit}$、MOU_{cit} 分别代表 t 年中国与 i 国的财政政策协动性、货币政策协动性和是否签订"一带一路"谅解备忘录(Memorandum of Understanding,其中签订为 1,未签订为 0)。

$$T_{cit} = \beta_0 + \beta_1 IS_{cit} + \beta_2 F_{cit} + \beta_3 GDP_{cit} + \beta_4 D_{ci} + \beta_5 B_{ci}$$
$$+ \beta_6 L_{ci} + \beta_7 FTA_{ci} + \eta_{cit}$$

公式(5.2)

参照双边贸易引力模型,中国与"一带一路"国家之间的贸易量与两国 GDP 水平、两国之间的距离 D_{ci}、地理上是否相邻 B_{ci}、是否有共同语言 L_{ci}、是否签有自由贸易协定有关(Tinbergen,1962)。为了避免异方差性,我们将国家 GDP 和国家之间的距离取对数值后放入(5.2)式。

$$IS_{cit} = \gamma_0 + \gamma_1 T_{cit} + \gamma_2 F_{cit} + \gamma_3 Pergdp_{cit} + \gamma_5 Gdpgap_{cit} + \theta_{cit} \quad 公式(5.3)$$

Ikbs and Wacziarg(2003)提出随着人均收入的增加,国家的专业化分工会经历两个阶段:最初国家多样化生产,然后当一个相对较高的人均收入水平达到以后国家间重新专业化分工。这个过程不是一个单调的过程,而是一个"个形"。因此,基于前人的研究,Ikbs(2004)认为两国人均 GDP 水平和两国人均 GDP 的差距是影响专业化分工的外生变量。

$$F_{cit} = \varphi_0 + \varphi_1 T_{cit} + \varphi_2 IS_{cit} + \varphi_3 KAO_{cit} + \varphi_4 ERM_{cit} + \lambda_{cit} \quad 公式(5.4)$$

金融一体化与资本账户的开放程度和汇率变动风险有关(Ikbs,2004)。资本账户的开放度采用的是 1991—2016 年 Chin-Ito index(KAOPEN),我们用每年两个国家资本账户的开放程度的算术平均值来衡量双边开放程度,可以预期双边金融开放程度越高,两国金融一体化程度越高。名义汇率的变动是通过计算某一年度双边名义汇率的标准误差,考虑到这一指标的可比性,我们用除以均值后的变异系数来衡量相对于一单位的均值名义汇率的波动程度。

本书选取 1991—2017 年中国与"一带一路"沿线 47 个经济体作为样本数据,其中"一带一路"沿线国家包括蒙古、新加坡、阿拉伯联合酋长国、亚美尼亚、阿塞拜疆、孟加拉国、保加利亚、白俄罗斯、文莱、不丹、塞浦路斯、捷克共和国、格鲁吉亚、希腊、印度尼西亚、印度、伊朗伊斯兰共和国、伊拉克、以色列、约旦、哈萨克斯坦、吉尔吉斯斯坦、老挝、黎巴嫩、斯里兰卡、马其顿王国、缅甸、马来西亚、尼泊尔、阿曼、巴基斯坦、菲律宾、罗马尼亚、俄罗斯联邦、沙特阿拉伯、泰国、塔吉克斯坦、土库曼斯坦、土耳其、乌克兰、乌兹别克斯坦、越南、也门共和国、波兰、巴林、阿拉伯埃及共和国和阿尔巴尼亚。

一、变量测度及数据来源说明

下表对联立方程模型中所涉及的变量、变量含义、理论来源、测量方法和数据来源进行了汇总。

表 5.1 变量的含义、理论来源和测量方法

变量	变量含义	理论来源	测量方法	数据来源
Syn_{cit}	经济周期同步性	Cerqueira 和 Martins (2009)	$CM_{cit} = 1 - \frac{1}{2} \left[\frac{d_{ct} - \bar{d}_c}{\sqrt{\frac{1}{T}\sum_{t=1}^{T}(d_{ct} - \bar{d}_c)^2}} - \frac{d_{it} - \bar{d}_t}{\sqrt{\frac{1}{T}\sum_{t=1}^{T}(d_{it} - \bar{d}_i)^2}} \right]$ $Syn_{cit} = \frac{1}{2} ln\left(\frac{1}{1-CM_{cit}}\right)$ 为了克服使用相关系数导致数据的缺失，这里采用 CM 同步化指数构建方法。其中，d_{ct}、d_{it} 分别表示用 HP 滤波去除趋势后的中国与国家 i 的实际 GDP 增长率。$\bar{d}_c$、$\bar{d}_i$ 分别表示 HP 滤波去除趋势后的中国与国家 i 的实际 GDP 增长率的均值。	WDI 数据库

续表

变量	变量含义	理论来源	测量方法	数据来源
			此外，为了使扰动项服从正态分布，我们对 CM 指数进行了变换，变换后的协动性指数 Syn_{cit} 的取值范围为 $(-\infty, +\infty)$，可以作为回归方程的因变量。协动性指数值越大，两国经济周期同步程度越高。	
T_{cit}	双边贸易强度	Frankel 和 Rose（1998），Shin 和 Wang（2003）	$T_{cit} = \dfrac{x_{cit}}{X_{ct} + X_{it}}$ $T_{cit} = \dfrac{m_{cit}}{M_{ct} + M_{it}}$ $T_{cit} = \dfrac{x_{cit} + m_{cit}}{X_{ct} + M_{ct} + X_{it} + M_{it}}$ 其中，x_{cit}、m_{cit} 分别代表 t 年中国与 i 国之间的双边出口额、进口额，X_{ct}、X_{it}、M_{ct}、M_{it} 分别代表 t 年中国和 i 国各自的出口总额和进口总额。	UN COMTRADE
IIT_{cit}	产业内贸易指数	Inklaar, Jong-A-Pin 和 Haan（2008），Grubel 和 Lloyd（1975），杜群阳和朱剑光（2011）	$IIT_k = 1 - \dfrac{\|X_{cit}^k - M_{cit}^k\|}{\|X_{cit}^k + M_{cit}^k\|}$ $IIT_{cit} = \sum_{k=1}^{n} IIT_k \left[\dfrac{\|X_{cit}^k + M_{cit}^k\|}{\sum_{k=1}^{n}(X_{cit}^k + M_{cit}^k)} \right]$ 其中，X_{cit}^k、M_{cit}^k 分别代表 t 年中国与 i 国之间的 k 产业出口额、进口额，使用的是 UN Comrade Database 上 SITC Rev 3 的一位码产业层面数据，IIT_k 代表 t 年中国与 i 国 k 产业的产业内贸易强度。一般认为 IIT_{cit} 在 0.5 以上，则该年产业内贸易在两国贸易中占主要比重，反之产业间贸易占主要比重。	UN Comrade

续表

变量	变量含义	理论来源	测量方法	数据来源
IS_{cit}	专业化分工	Krugman（1993），Imbs（2004），Inklaar, Jong-A-Pin 和 Haan（2008）	$IS_{cit}=\sum_{k}\mid s_{ct}^{k}-s_{it}^{k}\mid$ 其中，s_{ct}^{k}、s_{it}^{k} 分别代表 t 年中国与 i 国 k 产业增加值在 GDP 中所占的比重，根据 ISIC 的分类标准，该数据库共有七个产业。IS_{cit} 值越大，说明产业结构差异越大，相似度越低。	UNDATA National Accounts Estimates of Main Aggregates Database
F_{cit}	金融一体化程度	Lane 和 Miles-Cerretti（2001）	$F_{cit}=\mid\left(\dfrac{NFA}{GDP}\right)_{ct}-\left(\dfrac{NFA}{GDP}\right)_{it}\mid$ 其中，NFA 代表国外净资产。若两国国外净资产一负一正，则说明两国分别为资本流入方和资本流出方，双边资本流动强度比两国同为正或负要大，金融一体化程度更高。	WDI 数据库
$Fiscal_{cit}$	财政政策协调性	Inklaar, Jong-A-Pin 和 Haan（2008），Cerqueira 和 Martins（2009），Li（2017）	$Fiscal_{cit}=1-\dfrac{1}{2}\left[\dfrac{g_{ct}-\overline{g_{c}}}{\sqrt{\dfrac{1}{T}\sum_{t=1}^{T}(g_{ct}-\overline{g_{c}})^{2}}}-\dfrac{g_{it}-\overline{g_{i}}}{\sqrt{\dfrac{1}{T}\sum_{t=1}^{T}(g_{it}-\overline{g_{i}})^{2}}}\right]^{2}$ 其中，g_{ct}、g_{it} 分别代表 t 年中国与 i 国一般政府最终消费支出占 GDP 的比重的 HP 滤波去趋势值。	World Economic Outlook Database, October 2018
$Monetary_{cit}$	货币政策协调性		$Monetary_{cit}1-\dfrac{1}{2}\left[\dfrac{r_{ct}-\overline{r_{c}}}{\sqrt{\dfrac{1}{T}\sum_{t=1}^{T}(r_{ct}-\overline{r_{c}})^{2}}}-\dfrac{r_{it}-\overline{r_{i}}}{\sqrt{\dfrac{1}{T}\sum_{t=1}^{T}(r_{it}-\overline{r_{i}})^{2}}}\right]^{2}$ 其中，r_{ct}、r_{it} 分别代表 t 年中国与 i 国短期借款利率的 HP 滤波去趋势值。	IFS 数据库

续表

变量	变量含义	理论来源	测量方法	数据来源
MOU_{cit}	"一带一路"谅解备忘录		虚拟变量，签订为1，未签订为0	中国一带一路网
GDP_{cit}	两国GDP的对数和		$GDP_{cit} = ln(Y_{ct}Y_{it})$ 其中，Y_{ct}、Y_{it}分别代表t年中国与i国的GDP。	
D_{ci}	两国之间的距离	Tinbergen (1962)	i国首都到中国首都距离的对数值	CEPII数据库
B_{ci}	两国是否相邻			
L_{ci}	是否有共同语言		虚拟变量，是取1，否取0	中国自由贸易服务网
FTA_{ci}	自由贸易协定			
$Pergdp_{cit}$	人均GDP的对数和	Ikbs (2004)	$Pergdp_{cit} = ln(y_{ct}y_{it})$ 其中，y_{ct}、y_{it}分别代表t年中国与i国人均GDP。	orld Economic Outlook Database, October 2010
$Gdpgap_{cit}$	人均GDP的差距		$Gdpgap_{cit} = ln\left(Max\left\|\dfrac{y_{ct}}{y_{it}}, \dfrac{y_{it}}{y_{ct}}\right\|\right)$	
KAO_{cit}	资本账户的开放度	Ikbs (2004), Chin和Ito (2006)	$KAO_{cit} = \dfrac{KAO_{ct}+KAO_{it}}{2}$ 其中，KAO_{ct}、KAO_{it}分别代表t年中国与i国的资本账户开放程度。	Chin-Ito index
ERM_{cit}	名义汇率波动	Ikbs (2004), Nguyen (2007), Li (2017)	$ERM_{cit} = \dfrac{Stand\ ard\ Deviation(NER_{cit})}{Mean(NER_{cit})}$ 其中，NER_{cit}代表t年中国与i国双边名义汇率，采用的是从EIU country data中找到的1993—2017年季度的名义汇率数据，用四个季度的名义汇率变化和均值来计算名义汇率波动。	EIU数据库

二、协动性指标的描述性统计

本书选取"一带一路"沿线国家中与中国联系最为紧密的东盟经济体来观察在"一带一路"背景下经济周期协动性的特点。图 5.1 描述了 1991—2017 年中国与东盟国家实际 GDP 增长率的波动情况，从而可以看出，样本期内中国与东盟国家 GDP 增长存在较大的同步性，尤其是在受到 1997 年亚洲金融危机和 2007 年全球金融危机的冲击之后，各国 GDP 增长率出现急剧下降，呈现出明显的协动性。

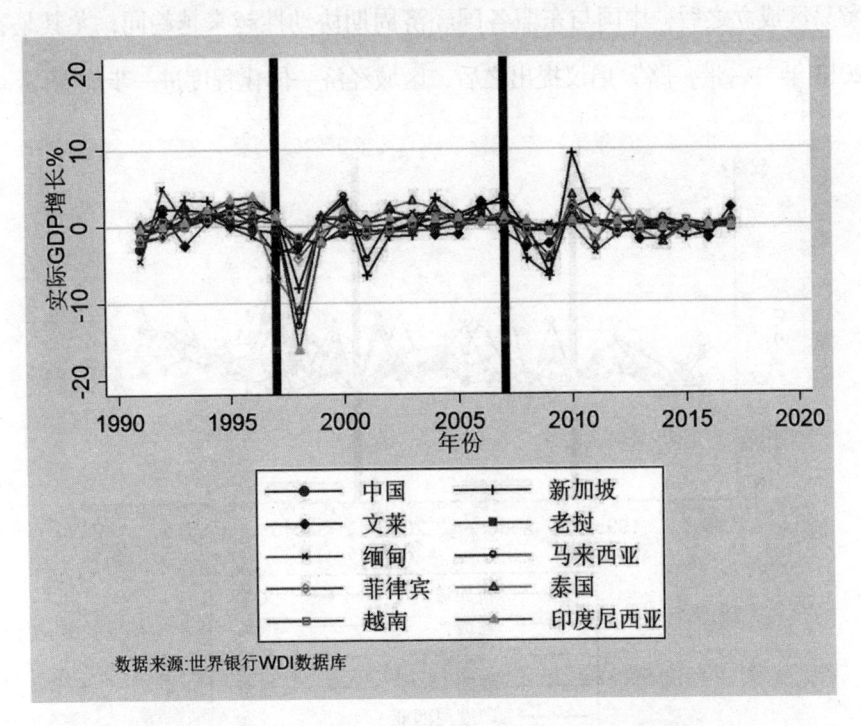

数据来源:世界银行WDI数据库

图 5.1　1991—2017 年中国与东盟国家的实际 GDP 增长率

为了进一步观察中国与东盟国家经济周期的协动性，图 5.2 描述了样本期内协动性指标的波动情况，总的来看，协动性指标存在波动，多数情况下数值大于 0，说明中国与东盟国家之间协动性较高，尤其是在 2007 年金融危机爆发之后，中国与东盟国家都受到冲击，比危机前表现出更高的协动性。但是，在东南亚金融危机爆发之后，泰国、印度尼西亚受到的冲击最大，菲律宾、新加坡、马来西亚也被波及，而由于中国政府在危机之前实施较为谨慎的金融政策并且在危机之后坚持人民币不贬值，所以中国几乎没有受到影响，这也解释了东南亚金融危机导致中国与一些东盟国家经济周期协动性不高的原因。此外，在 2010 年中国东盟自由贸易区成立之后，中国与东盟各国经济周期协动性越来越趋同，尤其是在 2013 年"一带一路"倡议提出之后，区域经济一体化程度进一步加深。

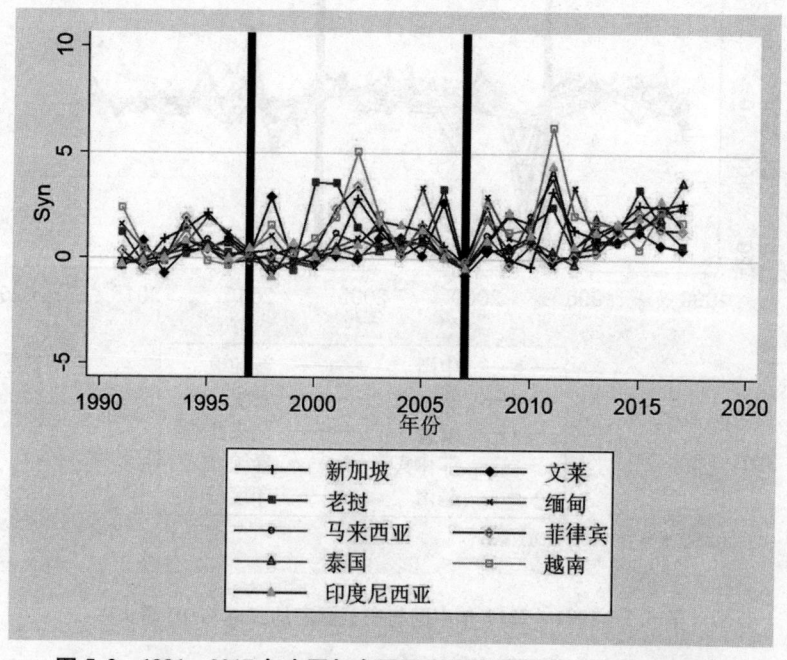

图 5.2　1991—2017 年中国与东盟国家经济周期协动性的测度结果

第四节 实证研究结果与稳健性检验

对于面板数据联立方程，使用普通最小二乘法（OLS）、广义最小二乘法（GLS）和加权最小二乘法（WLS）得到的估计量往往是有偏差的而且不是一致估计量，所以我们采用联立方程模型的估计方法（单方程方法和系统估计方法）。在估计联立方程模型之前需要先对联立方程进行识别以确保每个方程都可以被估计出来。方程 5.1~5.4 中包括 Syn_{cit}、T_{cit}、IS_{cit}、F_{cit} 4 个内生变量（G = 4），$Fiscal_{cit}$、$Monetary_{cit}$、MOU_{cit}、GDP_{cit} 等 12 个外生变量（K = 12+4 = 16）。根据联立方程识别的阶条件可知，方程 5.1~5.4 所不包含的模型中变量的数目大于模型中方程个数减 1，所以模型中的方程均是过度识别的，可选用二阶段最小二乘估计（2SLS）或三阶段最小二乘估计（3SLS）。由于 2SLS 是对模型中的每一个方程分别进行估计的单方程估计方法，3SLS 是对模型中全部结构参数同时进行估计的系统估计方法，所以 3SLS 估计量是一致估计量，一般来说，估计量的渐进有效性优于 2SLS。此外，考虑到面板数据在时间维度上的特定差异，本书选择包含时间固定效应的 3SLS 进行估计以控制共同冲击的影响。

在"一带一路"沿线国家中，中国与东盟各国经济往来最为密切，中国已连续 9 年成为东盟第一大贸易伙伴，东盟连续 7 年成为中国第三大贸易伙伴，所以进一步研究中国与东盟国家经济周期协动性的传导机制很有必要。因此，本书将 47 个"一带一路"沿线国家进行区分，其中包括9个东盟国家（新加坡、越南、菲律宾、马来西亚、泰国、老挝、缅甸、印度尼西亚和文莱）和38个非东盟国家，然后再对两个子样本分别估计进行对比。所有回归结果见表5.2。

一、中国与"一带一路"国家协动性传导机制分析

从表5.2不同估计方法的回归结果来看，3SLS的估计系数的符号更加合理并且显著性程度有较大的改善，说明3SLS估计结果更加可靠。

表5.2　中国与"一带一路"国家经济周期协动性的传导机制

	"一带一路"国家			东盟国家	
	OLS	2SLS	3SLS	2SLS	3SLS
Syn					
T^1	11.21*	-5.166	-25.57**	95.08***	-22.96
	(6.580)	(11.07)	(10.80)	(27.60)	(20.05)
IS	0.00129	-0.00521	-0.0179***	0.0337***	-0.0189***
	(0.00190)	(0.00379)	(0.00366)	(0.00996)	(0.00558)
F	-0.0127	2.555***	5.077***	-4.901***	0.831
	(0.206)	(0.991)	(0.935)	(1.465)	(0.750)
Fiscal	0.0997***	0.125***	0.117***	0.0923	0.101***
	(0.0299)	(0.0339)	(0.0319)	(0.0787)	(0.0328)
Monetary	0.0931***	0.0686***	0.0648***	0.0875***	0.0779***
	(0.0206)	(0.0242)	(0.0227)	(0.0315)	(0.0296)
MOU	0.510***	0.391**	0.376**	0	0.383**
	(0.163)	(0.178)	(0.167)	(.)	(0.167)

续表

	"一带一路"国家			东盟国家	
	OLS	2SLS	3SLS	2SLS	3SLS
常数项	0.806***	0.473*	0.416*	0.114	1.449***
	(0.0924)	(0.260)	(0.248)	(0.298)	(0.347)
T^1					
IS	-0.0000208***	0.000114***	0.000200***	-0.000262***	-0.0000949***
	(0.00000559)	(0.0000345)	(0.0000284)	(0.0000189)	(0.0000273)
F	-0.00320***	-0.0268***	-0.0472***	0.0397***	-0.0332***
	(0.000558)	(0.00500)	(0.00398)	(0.00256)	(0.00327)
GDP	0.000854***	0.00150***	0.00161***	0.000563***	0.00104***
	(0.0000442)	(0.000147)	(0.000118)	(0.000103)	(0.0000880)
D	-0.000931***	-0.00295***	-0.00248***	-0.000104	-0.000866*
	(0.000290)	(0.000718)	(0.000564)	(0.000651)	(0.000452)
B	0.00119***	-0.000169	0.000472	0.000427	0.00218***
	(0.000281)	(0.000697)	(0.000554)	(0.000506)	(0.000417)
L	0.00956***	0.0106***	0.0120***	0.00201***	0
	(0.000338)	(0.000596)	(0.000509)	(0.000387)	(.)
FTA	0.00246***	0.000997*	0.00194***	-0.000796**	0.000463
	(0.000263)	(0.000527)	(0.000411)	(0.000381)	(0.00107)
常数项	-0.0342***	-0.0503***	-0.0588***	-0.0208***	-0.0345***
	(0.00301)	(0.00576)	(0.00451)	(0.00698)	(0.00391)
IS					
T^1	-775.2***	-1146.2***	-1376.0***	-3152.7***	-869.6***
	(92.59)	(163.7)	(153.8)	(347.1)	(249.5)
F	30.91***	108.4***	152.8***	147.4***	-34.10***
	(2.781)	(17.68)	(13.68)	(7.767)	(9.982)

续表

	"一带一路"国家			东盟国家	
	OLS	2SLS	3SLS	2SLS	3SLS
Pergdp	-3.013***	-4.702***	-3.036***	0.731	-1.840***
	(0.400)	(0.647)	(0.509)	(1.197)	(0.444)
Gdpgap	8.318***	8.467***	5.655***	0.649	3.843***
	(0.692)	(0.887)	(0.711)	(1.128)	(0.809)
常数项	82.26***	93.90***	55.83***	16.05	80.87***
	(6.903)	(9.299)	(7.190)	(18.85)	(6.830)
F					
T^1	2.280***	6.250***	7.697***	18.12***	0.216
	(0.883)	(1.144)	(1.127)	(1.487)	(2.731)
IS	0.00246***	0.000784	0.00404***	0.00660***	-0.00602***
	(0.000247)	(0.000484)	(0.000402)	(0.000329)	(0.000715)
KAO	0.00654	-0.000500	-0.00427	0.0444	-0.00197
	(0.0243)	(0.0251)	(0.0189)	(0.0356)	(0.0234)
ERM	-0.0173	-0.0640	-0.0448	-0.0325	-0.134
	(0.0839)	(0.0871)	(0.0613)	(0.0522)	(0.0950)
常数项	0.145***	0.204***	0.0688***	-0.179***	0.506***
	(0.0150)	(0.0236)	(0.0193)	(0.0224)	(0.0329)
N	1306	1306	1306	312	994
R^2	0.037	-0.080	-0.434	-0.363	-0.038

Standard errors in parentheses, *$p<0.1$, **$p<0.05$, ***$p<0.01$

说明：此处采用2SLS和3SLS估计方法时可决系数R^2为负，并非是回归结果不好，而是因为联立方程估计时，解释变差（ESS）为负，导致R^2为负。

从 3SLS 回归结果来看，双边贸易强度的系数显著为负，这说明中国与"一带一路"国家之间贸易联系越紧密，经济周期协动性越低。通过计算产业内贸易指数 IIT 我们发现，在"一带一路"沿线47个国家的 2538 个样本观测值中只有 249 个观测值的产业内贸易指数大于 0.5，这说明中国与"一带一路"国家之间的贸易以产业间贸易为主。按照 SITC 产品分类标准，第 0 至 4 类为初级产品，第 5 至 9 类为工业制成品。近年来，中国利用沿线国家不同的比较优势，从俄蒙、中亚、西亚以进口矿物燃料等能源为主，从东盟、中东欧以进口机器设备为主，从独联体以进口非食用的原料为主，从南亚以进口按原料分类的制成品为主。而对于出口商品的结构，中国对俄蒙、中东欧国家以出口机器设备和杂项商品为主，对中亚以出口杂项商品为主，对西亚、南亚、东盟、独联体以出口机器设备为主。总的来看，中国从沿线国家进口以初级产品为主，向沿线国家出口以工业制成品为主。可以看出中国与"一带一路"沿线国家之间贸易依赖程度的扩大是通过产业间贸易的提高，因此经济周期协动性降低。具体到东盟国家，实证研究发现中国与东盟国家之间的贸易强度对经济周期协动性有显著正向影响，这与我们观察到的中国与东盟之间主要以产业内贸易为主的贸易结构一致，因为产业内贸易增加，经济周期协动性提高。而对于非东盟国家，中国与他们之间的贸易往来不是很密切，所以也可以理解回归结果中贸易强度不显著这一问题。

对于"一带一路"沿线国家和子样本非东盟国家，专业化分工对经济周期协动性有显著的负向影响，而对于东盟国家，结果恰好相反，系数显著为正。导致这一差异的根本原因在于国际分工模式的不同。对于大多数"一带一路"国家,这些国家要素禀赋差异明显,不同国家的比较优势导致各国的水平型专业化分工,产业结构差异显著,经济周期协动性较低。而对于东盟国家,有研究表明,从20世纪90年代初期开始,中国与东盟之间零部件贸易不断提高,在全球价值链的推动下,中国与东盟的制造业垂直专业化程度不断加深,尤其是在2002年中国与东盟签署自由贸易协定以及2010年中国和东盟建立自由贸易区之后,这一趋势更加明显(马煜,2011)。垂直专业化分工程度的提高促进了中国与东盟之间的产业内贸易,进而提高了经济周期协动性。

金融一体化程度在"一带一路"沿线国家中对经济周期协动性是显著的正向影响,即金融一体化程度越高,经济周期越同步,这与Hose等(2003)和Ikbs(2004,2006)的结论一致。这是因为目前中国金融机构主要以贷款的形式为"一带一路"沿线国家提供资金支持,人民币海外基金业务等股权投资方式是金融机构在现有投资业务上规模的扩充,并且本书通过国外净资产(Net Foreign Assets,货币当局和商业银行持有的外国资产减去外国负债后的总和)来反映两国信贷市场一体化程度,根据Davis(2014)的研究,信贷市场一体化主要通过金融机构的"资产负债表效应"对经济周期协动性产生正向影响。具体的传导机制如下:当债务国遭遇冲击出现债务违约后,债权国银行的资产减少,如果存在抵押品或银行间同业拆借利率的限制,债权国银行难以通过借入资金来偿还债务,那么他们会通过出售资产来偿还债务,降低杠杆率。这也意味着债权国银行会减少国内外信贷支持,导致国内货币紧缩,产出下降。可以看出,信贷市场一体化会导致一国经济波动通过金融机构的"资产负债表效应"同向传染到其他国家。

但是对于东盟国家，这一结果恰好相反，原因可能是中国对东盟国家的直接投资较多。据国家官方统计数据显示，中国对"一带一路"沿线国家的直接投资主要流向新加坡、马来西亚、老挝、印度尼西亚、泰国、越南等东盟国家用于支持当地项目的发展。根据 Davis（2014）的研究，对外直接投资促进两国资本市场一体化，主要通过"财富效应"对经济周期协动性产生负向影响。具体来说，由于资本的跨境自由流动，冲击导致一国资本回报的减少促使该国的投资需求减少，市场均衡条件下，资金供给减少，资本流向高收益的国家和地区（比如流回本国），资本供给增加，市场均衡条件下，投资需求也增加，本国经济并未受到冲击的影响。因此，"财富效应"导致资本市场一体化的国家在面临冲击时经济周期反向波动。

无论对于"一带一路"沿线国家还是非东盟国家，财政政策和货币政策的协调性对经济周期协动性都是显著的正向影响，但二者的影响程度不同，前者影响程度更大。此外，回归结果显示，两国签订政府间合作谅解备忘录有利于经济周期的趋同，并且相对于财政、货币政策，这一政策更加有效。这是因为中国经过磋商、谈判达成共识后与"一带一路"沿线国家签订谅解备忘录，目的是制定合作规划进一步开展具体合作，在政策层面上，这对中国与"一带一路"国家之间的经济周期的协动有积极的促进作用。然而，对于东盟国家而言，只有货币政策具有显著影响，财政政策无显著影响。此外，由于中国与东盟国家签订"一带一路"政府间合作谅解备忘录时间较晚，无法看出政策效果，这也进一步说明了谅解备忘录的存在只是标志着合作关系的确立，要想让"一带一路"的建设成果惠及参与国还需制定落实具体合作计划。

其他结构方程的估计结果显示,在双边贸易方程中,两国经济发展水平越高、距离越近、拥有共同语言以及签订自由贸易协定都会显著增加两国之间的贸易强度,因为这些变量有利于降低贸易成本(运输成本和文化差异),消除贸易壁垒。但是对于东盟国家而言,签订自由贸易协定降低了双边贸易强度,这可能是因为自由贸易协定使得中国与东盟国家之间的产业内贸易增加,相对而言产业间贸易减少,双边贸易增长的幅度小于各国贸易总量的增长,因此双边贸易强度减小。对于专业化分工而言,外生变量的系数符号符合既有理论和经验研究。如果经济发展导致了国家多样化生产,那么两个国家经济发展水平越高,产业结构越相似。但从另一方面看,两国经济发展的差距越大,产业结构(需求结构)差异越大,专业化分工越明显(Imbs,2004)。在金融一体化方程中,资本账户开放度和名义汇率的波动均不显著。然而,从符号来看,汇率波动系数为负,这与预期一致。但是金融开放度的系数符号仅在东盟国家子样本中为正,与预期一致。

二、各种传导机制的效应比较

根据联立方程 3SLS 的估计结果,本书通过计算将各内生变量对经济周期协动性的直接影响和间接影响进行了分离,进而比较其相对重要性,结果见表 5.3。

表 5.3 中国与"一带一路"国家经济周期协动性各传导机制的测度结果

变量		"一带一路"国家			东盟国家			非东盟国家		
		间接	直接	总效应	间接	直接	总效应	间接	直接	总效应
T	IS	24.63***	-25.57**	38.138***	-106.246***	95.08***	-99.973***	16.435***	-22.96	-6.346***
	F	39.078***			-88.807***			0.179		
IS	T	-0.005***	-0.0179***	-0.0019***	-0.025***	0.0337***	-0.023***	0.002***	-0.0189***	-0.022***
	F		0.021***			-0.032***			-0.005***	
F	T	1.207***	5.077***	3.549***	3.775***	-4.901***	3.841***	0.762***	0.831	2.237***
	IS		-2.735***			4.967***			0.644***	
Fiscal			0.117***	0.117***		0.0923	0.0923		0.101***	0.101***
Monetary			0.0648***	0.0648***		0.0875***	0.0875***		0.0779***	0.0779***
MOU			0.376**	0.376		0	0		0.383**	0.383

表 5.3 的测度结果显示如下。

第一,对于"一带一路"沿线国家而言,双边贸易强度对经济周期协动性有显著的负向直接影响,但是通过专业化分工和金融一体化产生了正向间接影响,并且正向间接效应之和大于负向直接效应,总效应为正,即总体来看,双边贸易强度促进经济周期协动性的提高,这也论证了"贸易畅通"是推进"一带一路"建设的重点内容。对于东盟国家而言,产业内贸易的增加对经济周期协动性有显著的正向直接影响,进一步研究发现,贸易促进产业结构趋同,但是由于中国东盟是垂直型专业化分工,产业结构差异越小,经济周期协动性越低,即贸易通过专业化分工对经济周期协动性产生了负向间接影响。此外,贸易促进金融一体化,但是由于中国东盟之间主要是资本市场一体化,金融一体化程度越高,经济周期协动性越低,即贸易通过金融一体化对经济周期协动性产生了负向间接影响。由于负向间接效应之和大于正向直接效应,最终导致总效应为负,即双边贸易强度导致中国与东盟国家经济周期"脱钩"。

第二,无论是对于全样本还是两个子样本,专业化分工对经济周期协动性的总效应均为负,但是具体的传导机制不同。对于"一带一路"沿线国家和非东盟国家,专业化分工渠道产生的直接效应显著为负,但是对于前者 47 个国家而言,专业化分工通过促进金融一体化极大地减弱了负向影响,而对于后者 38 个国家而言,专业化分工通过降低金融一体化加深了负向影响。对于东盟国家而言,正向直接影响被较大的双负向影响削弱,进而导致最终符号的改变,即产业结构越相似,经济周期协动性越大。在这里我们发现,虽然专业化分工对金融一体化的影响方向不确定但是其在间接影响中起主导作用。

第三，信贷市场一体化直接加深了中国与"一带一路"沿线国家经济周期的协动性，尽管金融一体化促进了专业化分工进而减弱了经济周期协动性，但是仍然是直接效应占主导。资本市场一体化直接减弱了中国与东盟国家的经济周期协动性，但是金融一体化通过促进产业内贸易和垂直专业化分工对经济周期协动性的正向影响占主导。综合来看，金融一体化对两国经济周期协动性有显著的促进作用。

最后，通过比较贸易、分工、金融以及政策四种传导渠道的总效应，我们发现在全样本中，上述渠道对经济周期协动性影响的相对重要性依次为：双边贸易、金融一体化、"一带一路"政府间合作谅解备忘录以及专业化分工。对于东盟国家，我们可以预期到在政策进一步发挥作用之后将会产生与相同的排序结果。

三、稳健性检验

为了进一步检验研究结论的可靠性，本书采用更换核心解释变量的测度指标以及剔除金融危机极端数据对实证结果进行检验，发现结果依旧稳健。

1. 更换双边贸易强度的测度指标

表 5.2 中的双边贸易强度采用的是出口贸易强度，此处我们采用进口贸易强度和进出口贸易强度分别替换原有指标，观察核心解释变量（双边贸易强度、专业化分工和金融一体化）的符号和显著性是否发生变化。用双边进口贸易强度代表双边贸易强度时，与表 5.2 中基准回归

结果比较,对于"一带一路"沿线国家,所有变量的符号和显著性均未发生变化;对于非东盟国家子样本,核心解释变量都是稳健的,只有距离和签订自由贸易协定这两个外生变量的显著性发生了变化;对于东盟国家,由于改变了双边贸易强度的测度方法,双边贸易强度、专业化分工对经济周期协动性的直接影响从正向的显著影响变成负向的不显著影响,并且金融一体化对经济周期协动性的直接影响从负向的显著影响变成正向的不显著影响。此外,还有几个外生变量的符号和显著性发生了改变,这可能是由于样本的异质性或者新测度方法下的双边贸易强度与其他解释变量之间的关系发生改变引起的。用进出口贸易强度代表双边贸易强度时,与表5.2中基准回归结果比较,对于非东盟国家,核心解释变量的符号和显著性没有发生改变;对于"一带一路"沿线国家和东盟国家,核心解释变量对经济周期协动性的直接影响符号不变;此外,对于东盟国家,资本账户开放度的系数为正并且在5%的显著性水平下显著,这说明资本账户越开放,中国与东盟国家金融一体化程度越高。综合来看,表5.2中的估计结果是稳健的。

2. 剔除金融危机的极端数据

根据Li(2017)和黄赜琳等(2018)的研究,亚洲金融危机(1997—1998)以及全球金融危机(2007—2008)是经济周期协动性的重要分界点,危机前后各传导渠道的相对重要性可能会发生改变。为了排除金融危机极端数据对回归结果的影响,本书分别剔除1997—1998年以及2007—2008年的极端数据,结果发现,无论对于全样本还是子样本,双边贸易强度、专业化分工和金融一体化前的系数符号和显著性水平均为发生变化,这也再次证明了表5.2中估计结果的稳健性。

第五节 主要结论及政策建议

本章以中国与"一带一路"沿线国家经济周期协动性的研究为出发点,选择1991—2017年中国与"一带一路"沿线47个国家的样本数据,通过构建联立方程模型,运用三阶段最小二乘法,分析了双边贸易强度、专业化分工、金融一体化以及政策协调性对经济周期协动性的传导机制及相对重要性。实证研究结果显示:第一,中国与"一带一路"沿线国家之间的贸易以产业间贸易为主,双边贸易强度提高直接导致经济周期协动性降低,但是从总效应角度来看,贸易联系越紧密,经济周期协动性越高。第二,中国与"一带一路"沿线国家有明显不同的比较优势,产业结构差异导致经济周期"脱钩"。第三,中国向"一带一路"沿线国家的融资方式以贷款为主,信贷市场一体化促进经济周期的协动。第四,各传导机制的相对重要性存在显著差异,影响程度由大到小依次为双边贸易强度、金融一体化、"一带一路"政府间合作谅解备忘录以及专业化分工。

东盟国家处于"一带一路"的陆海交汇地带,区位优势明显,是中国推进"一带一路"建设的优先方向和重要伙伴。提高中国与东盟经济周期协动性、加快中国—东盟区域经济一体化进程对于构建中国—东盟命运共同体具有重大意义。因此,本书进一步针对东盟国家进行了研究,结果显示:第一,产业内贸易作为中国与东盟国家之间贸易往来的重心,对经济周期协动性有直接促进作用,但是考虑到双边贸易的间接影响，贸易对经济周期协动性的总效应为负。第二，中国与东盟国家之间存在着明显的垂直专业化分工，促进了产业内贸易，提高了经济周期协动性，但是负向间接效应使得专业化分工不利于经济周期协动性的提高。第三，虽然中国通过对外直接投资向东盟国家提供资金支持直接削弱了双方经济周期的趋同，但是总的来看，金融一体化促进了经济周期协动性的提高。第四，2017年之后，中国与多数东盟国家签订了"一带一路"合作谅解备忘录，虽然在我们的样本研究范围内还没有具体落实，但是我们可以预期到政策落实后的正向效应必然大于财政政策和货币政策协调对经济周期协动的正向促进作用。

上述结论不仅为我国"一带一路"建设提供了理论基础和实证经验，而且还为进一步推动区域一体化发展提供了可行的政策建议。

首先，促进贸易畅通，加强中国与"一带一路"沿线国家的贸易往来。中国与一些国家存在地理、文化、制度上的差异，这些因素不利于双边贸易的发展。加强沿线国家基础设施建设（设施联通），推动双边教育、旅游、电影等文化产业的融合（民心相通），促进政策合作，与更多国家签订自由贸易协定（政策沟通），这些有利于扩大中国与"一带一路"沿线国家的贸易规模。此外，由于服务贸易对贸易的贡献率不断提高，加快服务贸易开放，充分挖掘服务业的价值链作用，大力发展旅游、高新技术等高附加值的产业，提高双边服务贸易强度。

其次，在对外贸易的过程中寻找新的比较优势，加快产业结构的转型升级，由劳动密集型产业向资本密集型产业过渡，提高中国在垂直专业化分工体系中的地位，提高产业内贸易的层次，实现由"中国制造"向"中国创造"的转变。

再次，促进资金融通，进一步提高信贷市场一体化。国有金融机构允许民营金融机构参与融资过程，拓展公私合营的项目融资机制，并且通过与境外资本的合作降低国内的融资风险（宋爽等，2018）。此外，通过扩大沿线国家人民币合格境外机构投资者（RQFII）范围和额度，加强人民币的流通，逐步实现资本账户下货币自由兑换。通过与更多沿线国家签订本币互换协议，降低汇率波动，促进贸易、投资的发展，推动人民币的国际化进程。

最后，加强政策沟通，进一步推进中国与更多的"一带一路"沿线国家签署合作谅解备忘录，有利于推动双边贸易、投资、金融以及要素的流动，提高经济周期的协动性。

此外，我们发现，由于国家异质性的存在，对不同国家或群体制定和实施差别化的政策显得至关重要，可以将"一带一路"国家视为一个整体制定发展方针政策，但是一定要根据不同国家或群体的不同情况细化落实方案。

第六章

中国经济在险增长下的经济周期与贸易发展动向

第一节 经济在险增长：理论逻辑与实践逻辑

一、理论逻辑

在世界经济发展不确定性日益增强的今天，研究中国经济在险增长的理论逻辑以及中国经济与世界经济周期波动的新特征具有很重要的现实意义。不仅能为中国与世界其他经济体之间的货币政策、汇率政策及贸易政策的协调提供相关的政策建议，而且还有助于国内金融市场改革、金融资源的合理配置以及利率市场化更好地权衡利弊得失，为实现国民经济快速健康持续的发展做出贡献。

经济的在险增长（Growth at Risk，GaR）作为宏观金融关联（Macro-Financial Linkages）的重要指标，顺应本轮国际金融危机以来世

<<< 第六章　中国经济在险增长下的经济周期与贸易发展动向

界经济发展的趋势和变化。国际货币基金组织的旗舰报告之一《全球金融稳定报告》，其分析框架就建立在宏观金融关联分析之上，关注金融部门和宏观经济增长与稳定之间的关联，特别是金融部门如何传播和放大冲击。宏观金融关联试图将金融与宏观经济、实体经济结合起来进行研究。（张晓晶、刘磊，2020）。

2021年1月25日，习近平总书记在世界经济论坛"达沃斯议程"对话会上提出当今世界经济面临的四大课题，其中第一项是加强宏观经济政策协调，共同推动世界经济强劲、可持续、平衡、包容增长。中国的新格局也是世界的新机遇。虽然当前国内的疫情已基本得到控制，但境外疫情的形势依然非常严峻。中国在抗击这场新冠疫情的战役中取得了举世瞩目的成效，从中总结的成功经验及案例已成为世界各国抗击疫情的典范，中国的新冠疫苗研发成果也位居世界领先水平，充分体现了中国具有"大国担当"的"软实力"，以及参与全球治理体系的中国方案。

《新时代的中国国际发展合作》中提出中共十八大以来，中国发展进入新时代。习近平主席从全球视角思考责任担当，提出构建人类命运共同体、共建"一带一路"等新思想新倡议，倡导正确义利观和真实亲诚、亲诚惠容理念，在一系列重大国际场合宣布务实合作举措，为破解全球发展难题、推动落实联合国2030年可持续发展议程提出中国方案、贡献中国智慧、注入中国力量。宏观经济政策协调凸显中国经济引领区域经济合作的活力，体现习近平新时代中国特色社会主义的国家治理及全球治理体系。

二、实践逻辑

面对当前异常复杂的国内国际经济政治环境，党的十九届五中全会提出了"以国内大循环为主体，国内国际双循环相互促进的新发展格局"，促进高层次、全方位、主动的对外开放，同时，对内开放与对外开放相互联动（马永飞，2021）。以高水平的对外开放促进改革与创新的双循环发展模式是中国应对疫情冲击及后疫情时期的顶层战略设计。本研究正是在国内国际双循环的背景下以经济周期关联的传导机制以及经济的在险增长作为立足点，侧重分析中国经济在险增长下的经济周期与贸易发展动向研究。

随着中国对外经贸及国际经济合作活动的大幅度增长，中国经济在世界经济中的地位及国际影响力不断提升，伴随着全球金融一体化的发展，中国经济与世界经济之间的相互关联度也越来越高。2008年美国爆发的全球金融危机使中国的股票市场与欧美的股票市场呈现同涨同跌的现象，而中国政府所采取的相机抉择式的宽松货币政策也正好与美国同期实行的量化宽松政策遥相呼应（杨子晖、田磊，2013）。与此同时，各国之间的资本相互持有程度也在逐渐加深，通过汇率和资产价格波动带来巨额财富的跨国转移，必然对各国经济的协动性及汇率政策的有效性造成较大影响（梅冬州、赵晓军，2015）。

借助国际贸易、国际投资、国际金融以及国际政策合作等主要传导渠道，影响经济周期联动的各种因素相互交织、相互影响，中国与欧美等世界主要发达经济体之间的宏观经济变量呈现出明显的协动性，进一步带动相关经济政策的跨国联动。从中国国内经济的发展状况看，中国的区域经济周期也呈现出一定的规律：影响全国的因子对大多数省份的产出波动解释程度要比改革开放之前有所下降。

第二节 经济周期协动性的危机传染效应

一、经济周期协动性的贸易传导效应

一直以来，经济周期都是经济学研究领域的热点问题。经济周期（Business Cycle）也被称为商业周期或景气循环，是经济活动沿着经济发展的总体趋势所经历的有规律的扩张和收缩，是国民收入或总体经济活动扩张与紧缩的交替或周期性波动变化。经济周期通常被分为繁荣、衰退、萧条和复苏四个阶段，在图形上表现为衰退、谷底、扩张和顶峰（欧阳志刚，2013）。经济周期协动性（Synchronization）则是指在特定时期内，不同国家的经济波动由于相互作用、相互影响而出现的各国经济周期在方向和波幅上的趋同性。协动性则是指这种表现的非一致性。经济周期协动性与非协动性同时存在具有一定的复杂性和不确定性（刘金全、张鹤，2003）。

国内外学者在研究经济周期协动性与非协动性的进程中取得了里程碑的进步。Gerlach（1988）首次采用 frequency band 的衡量指标将国际经济周期定义为多国工业生产指数的变动在一定周期频带上的高度相关

性。Backus、Kehe 和 Kydland（简称 BKK）(1992) 首次建立了一个存在完备金融市场的国际经济周期模型（International Business Cycle）来研究国际贸易对国际经济周期协动性的影响，由于生产可以跨国自由转移，外部冲击使得贸易强度越高，两国间的经济协动性反而越低。Kose 和 Yi (2001) 在 BKK 模型的基础上引入生产的垂直专业化后发现贸易规模对经济周期协动性的影响与贸易冲击的类型有关，即当贸易促进产业专业化时，贸易联系越紧密，两国的经济协动性越低；但当贸易的发展促进两国的产业内贸易时，贸易联系越紧密，两国的经济协动性程度也越高。

在对经济周期协动性影响因素的实证研究中，关注双边贸易强度与经济周期协动性的文献比较丰富，观点大致可以分为四类。第一类观点认为二者之间呈现正相关关系。Frankel 和 Rose (1998) 在对 20 个发达国家双边贸易强度与经济周期双边相关性的研究得到贸易联系越紧密两国经济协动度越高。然而，由于这一模型不能够将共同冲击从影响因素中分离而引发了对文章结论的争议。第二类观点认为双边贸易的增强能使得国家间的专业化分工程度提高，从而导致经济周期协动性的下降。第三类观点认为不同的贸易模式对经济周期协动性具有不同的影响，产业内贸易是导致经济周期协动性的关键因素，而产业间贸易则会使得经济周期协动性下降。第四类观点认为双边贸易对经济周期协动性的影响主要是由双边垂直专业化引起的，而并非是双边贸易强度导致的（Ng, 2010）。然而，已有的实证研究结果对贸易强度是否促进国际经济周期协动性还存在异议。

Anderson 和 Wincoop (2003) 研究发现两国的贸易程度可能与两国

之间的贸易壁垒相关。在此基础上，Kose 和 Yi（2006）将 BKK 模型从两国拓展到三国，并引入跨国交易成本后发现引入这些因素能提高贸易对经济周期协动性的影响。以上这些研究都认识到贸易强度是经济协动性的重要影响因素，并从贸易模式和贸易类型的角度深入分析不同贸易形式是如何影响经济周期协动性的。值得注意的是，不同国家对外贸易在商品类别上存在"异质性"，贸易品的不同类别是否会对两国经济周期的协动性产生影响？后续的研究对这一问题展开了比较充分的探讨。

Kose 和 Yi（2006）则从贸易双方在产业结构上的相似程度入手探讨影响国际经济周期协动性的因素，发现产业内贸易比产业间贸易更能引起 GDP 的同步运动，因为考虑到两国不同的产业结构会使双方在面临同一产业冲击时反应的周期不同。关于产业结构与经济周期协动性的关系研究也成为一个比较新的研究领域。一部分学者（Imbs，2006）认为产业结构越相似，经济周期协动程度就会越高。另一部分学者（Cerqueira and Martins，2009）则认为产业结构相似度与经济周期协动性之间不具有显著的关系。Di Giovanni（2010）运用产业层面的生产和贸易数据分析不同产业间双边贸易对经济周期协动性的影响机制，得到的结论是垂直分工在某一部门中的作用越重要，则该部门对应产业的双边贸易对经济协动性的影响就越大。

邵宇佳和刘文革（2020）结合生产异质性理论在国际经济周期模型框架下构建了一个三国动态理论模型并对理论模拟结果进行经验检验，回归结果均显示增加值贸易对国际经济周期联动性具有显著正向影响，传统意义上的贸易对经济周期联动性的作用并不稳健。这为一国重塑价值链或贸易格局以应对贸易保护主义乃至经济脱钩提供了政策参考。唐宜红等（2018）利用行业层面双边出口的增加值分解数据，从增加值贸易视角研究了全球价值链（GVC）嵌入对国际经济周期联动的影响。结果表明：GVC嵌入是促进经济周期联动的重要因素。此外，对中国经验的考察也发现了GVC嵌入对经济周期联动总体上具有积极影响。

二、经济周期协动性的金融传导效应

BKK模型是在假设国际金融市场完备性的前提下成立的，当国际金融市场不完备时BKK模型的结论将会发生显著的变化（Heatheote、Petri，2002）。考虑到银行间的跨国借贷存在规模不经济的现状，Iacoviello和Minetti（2006）在模型中引入了借贷市场不完备的衡量因子，当一国遇到外部冲击时，银行在调整国内和国外借贷中将使得两国经济的协动性增强。

由于静态的计量模型通常不能反映变量的滞后效应，尤其是2008年国际金融危机以及2010年欧洲债务危机的爆发，使得越来越多的学者认识到金融市场一体化与金融市场的不完备性在世界经济周期传导中的重要作用。金融经济周期理论已成为经济周期理论领域最新发展的前沿热点（周炎、陈昆亭，2012）。传统的静态模型已经不能够捕捉滞后变量带来的影响，于是，动态模型逐渐发展起来。其中，动态随机一般均衡模型（DSGE）被学者们广泛使用。

Daia（2007）在一个两国DSGE模型中引入金融市场结构的差异后发现两国的金融市场结构差异越大经济周期协动性就越低。Gourinchas

(2008) 建立了两国的 DSGE 模型并对跨国资产互持所带来的"估值效应"(Valuation Effect) 在经常账户调整中的作用进行了系统性的分析。Devereux 和 Sutherland (2011) 则在运用高阶展开方法后将资本互持特征引入两国的 DSGE 模型之中,并在模型中考虑加入金融摩擦,从而探讨外部冲击的传导渠道。DSGE 模型的拓展形式正在广泛地应用在关于经济周期协动性的学术探讨中。

与此同时,为了克服以往研究在样本和双边相关性研究等计量方法上的局限性,Kose 等 (2003) 提出了多层动态因子模型并抽象出多层次的因子分解成分,因为该贝叶斯分析框架凭借其能够同时拟合多国样本数据的优势迅速成为这一领域的国际主流计量模型,相关研究不断涌现,其中,Crucini 等 (2011) 借助多层动态因子模型考察了 GDP 增长率、产出、消费、投资以及通货膨胀的国际协同特征。Chen 等 (2021) 首次提出了分位数因子模型,作为现有因子模型的延伸和推广,对高维度分位数因子模型及其在经济金融实证研究中的运用开展了原创性的基础研究。研究发现,分位数因子模型可以更加全面地刻画共同因子对可观测变量整体分布的影响。同时,新提出的估计方法不仅可以提取出更多的潜在因子,这些因子可以用来显著地提高短期及中期宏观预测的精确度,而且对极端值和厚尾分布具有一定的稳健性。因子模型是实证金融研究和宏观经济预测中广泛使用的一类模型。芝加哥大学尤金·法马 (Eugene F. Fama) 教授提出的著名三因子模型影响深远,并于 2013 年被授予诺贝尔经济学奖。近 20 年来,因子模型与大数据方法相结合提供了简洁而实用的理论基础,成为很多国家中央银行监控金融市场风险和宏观经济运行状况的重要工具。

杨子晖和田磊（2013）在借鉴以上经典模型的基础上，遵循多层嵌套因子模型思想，构建了国际经济周期三层静态因子模型并运用该模型对中国在内的 24 个主要经济体进行跨国研究从而考察中国经济与世界经济的协动性。白仲林和汪玲玲（2014）研究了新凯恩斯 DSGE 模型和具有 Markov 体制转换过程的 DSGE 模型的动态因子模型之后，发现两类 DSGE 模型分别可以表示为标准动态因子模型和具有 Markov 体制转换过程的动态因子模型。高华川和张晓峒（2015）对动态因子模型（DFM）及其应用研究进行了综述，分别从理论和实证上进行梳理，总结了 DFM 在预测和构建经济周期指标及经济结构分析中的应用，并归纳出 DFM 计量分析的研究脉络和未来发展动向。

韩猛等（2016）首先提出了一类识别动态因子模型的零识别约束并给出了一种识别算法可以有效解决在实证分析中动态因子模型的识别问题。周国庆（2017）根据 1971—2014 年间 98 个国家的产出、消费和投资数据建立了一种多层因子模型，研究了全球性、区域性因素对于全球经济周期的影响，实证结论表明全球化时代见证了区域经济周期的出现。王俏茹（2019）利用层级动态因子模型将 1988—2016 年中国各省份经济周期波动的成因进行分解，随后对各省份经济周期的一致波动、区域联动与异质分化特征进行深入分析。

与此同时，Imbs（2006）通过构建联立方程组模型发现金融市场一体化程度的不断提高也对各国经济周期协动性的传递产生了重要影响。但是 Dees 和 N. Zorell（2012）的研究则表明金融一体化程度的提高对经济周期协动性的提高没有直接的影响。有关 FDI 与国际经济周期相关性的研究相对比较少，Hsu 等（2011）的研究结果表明 FDI 对国际经济周期的协同性具有显著的正效应,并且FDI比贸易和产业结构相似度更能解释经济周期协同性的变化模式。程惠芳和岑丽君(2010)的研究表明虽然目前中国经济增长仍然主要靠国内劳动力和国内投资拉动,但双边贸易强度和FDI强度已经成为国际经济周期协动性的重要影响因素。经济全球化发展中出现国际经济周期趋同性,使国际经济政策协调的研究成为重要的课题。需要注意的是,以上研究都是从总量的角度出发,没有考虑金融资本的异质性对经济周期协动性的影响。因此,分析的全面性和结论的政策性有待改进。

之前大部分相关研究都以发达国家为研究对象,由于1997—1998年亚洲金融危机以及2008年全球金融危机对中国及一些发展中国家的经济带来了巨大的冲击,使发展中国家与发达国家的经济周期趋同性日益增强。Kim等(2011)的研究结果表明亚洲金融危机后东亚各国联系更加紧密,经济协动性程度显著增强,为进一步的货币及汇率合作创造了良好背景。于是,有关亚洲尤其是与中国有关的国际经济周期协动性的相关研究得到广泛的关注,Kose等(2003)运用动态因子模型观测到东亚经济受区域因子的影响大于全球因子,提出以中国和印度为代表的东亚国家是否可以从以美国和欧盟为代表的西方经济周期中分离出来,即"Decoupling or Convergence"的讨论。Bayoumi等(2000)通过估计东亚各国间经济周期的非对称性系统地比较了东亚建立最优货币区的成本收益,并得到东盟区域经济整合程度与20世纪80年代末的欧盟相当。Shin和Wang(2003)发现东亚各国间产业内贸易和国际资本流动的增加使得各国之间的经济周期协动性增强。

宋玉华和方建春(2007)对1978—2004年中国经济与世界经济的

相关度及相互影响的因果关系进行研究。贾俊雪（2008）所著的《中国经济周期波动特征及原因研究》运用多动态因素模型和博弈模型，对中国经济周期波动的一般经验规律及主要成因进行全面分析，初步构建了中国地方政府行为经济周期理论的基本框架。杨子晖和田磊（2013）则分别运用引入中间贸易品的 DSGE 模型和三层静态因子模型研究中国与世界经济周期的协动性。张文彬和童笛（2011）运用基于吉本斯抽样估算的贝叶斯潜在多动态因子模型估算出改革开放以来三次产业实际产出波动的全国、地区以及省份动态因子，发现全国动态因子和区域动态因子较好地刻画了中国宏观经济波动的基本特征及基本区域经济事实。

第三节 中国经济在险增长的最新动向分析

一、疫情彰显中国经济强大的适应力

新冠疫情全球大流行不仅给传统的社会生产及生活方式带来了巨大的挑战，而且对全球价值链重塑提出了全新的问题，可能导致全球价值链的断裂，迅速萎缩，甚至逆向发展。因此，积极寻求自给自足的产品生产及供销模式成为一些国家当前可能的选择途径。根据世界贸易组织的相关统计数据，人类社会进入 21 世纪以来，中间品贸易占全球贸易的比重已达 60% 左右，在经济一体化进程较高的欧洲，这一比重甚至可

高达80%。从全球价值链的角度来看，一个国家在全球价值链中既扮演着向其他国家出口提供中间品的"前向参与"角色又扮演着从其他国家进口需求中间品的"后向参与"角色，而疫情对全球价值链的冲击主要通过各国间的中间品贸易渠道展开。如果全球疫情严重，来自"前向参与"的需求冲击与来自"后向参与"的供给冲击将是交互式的。中国作为全球价值链上重要的"世界工厂"在全面打好疫情阻击战方面起到了举足轻重的作用，"中国制造"已逐步成为全球的习惯。中国在有效解决自身冲击的基础上，主动向意大利、西班牙、伊朗、韩国、日本等国伸出援手，体现了大国的责任与担当。

同时，发达的数字经济为中国能够在疫情期间贯彻执行从中央到地方严格的管控措施，实现社会的平稳过渡打下了坚实的基础。虽然疫情的暴发打乱了人们正常的生活节奏，并对投资者信心造成了沉重的打击，使全球价值链收缩并且全球跨境投资持续低迷，但是却为数字经济及数字贸易创造了前所未有的发展机遇。越来越多的实体经济开始向数字经济及数字贸易转型融合。数字贸易的发展同时触发了对数字贸易管径及规则的研究。人们通过网上支付、在线问诊、网络课堂等方式，实现了居家隔离，有效保护自身及社会的安全。管理部门依据对相关数据的收集及分析，可以追踪定位疑似病人及其接触者，并用无人机等现代工具监控疫情期间的违法行为。中国经济已经在疫情中逐渐恢复并步入正轨，国家统计局相关数据显示2020年第三季度的国内生产总值同比上升了4.9%。2020年第三季度和第四季度的国内生产总值GDP分别达到719688.4亿元和1015986.2亿元（如图6.1）。

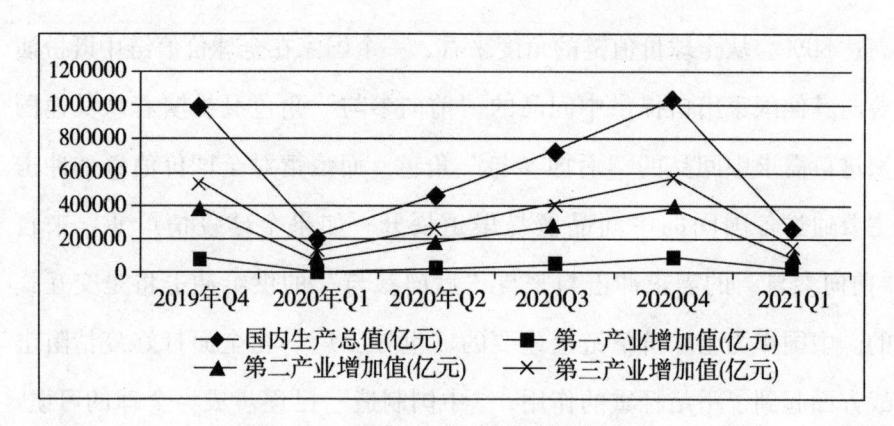

图 6.1　中国国内生产总值 GDP 累计值

数据来源：中国国家统计局

然而，百年一遇的新冠疫情对世界经济的冲击非常大（杨子晖等，2020）。国际货币基金组织 2020 年 10 月第四次调整了对世界经济增长的预测，认为 2020 年世界总产出将下降 4.4%，而中国是所有经济体中唯一能实现正增长的大型经济体。面临国外如此严峻的疫情蔓延，中国经济怎样适应疫情后的社会发展变化及来自国外的负面冲击？党的十九届五中全会提出了"以国内大循环为主体，国内国际双循环相互促进的新发展格局"，促进高层次、全方位、主动的对外开放，同时，对内开放与对外开放相互联动。以高水平的对外开放促进改革与创新的双循环发展模式是中国应对疫情冲击及后疫情时期的顶层战略设计。

二、"一带一路"引领中国主导的区域经济合作

这场突如其来的疫情再次证明了人类命运休戚与共，各国的利益是紧密相连的，世界是一个不可分割的命运共同体。而"一带一路"倡

议在此之前提出的"人类命运共同体"理念正好与之契合。"一带一路"的提出遵循国际经济合作发展规律,是"走出去"战略的延伸与拓展,有利于进一步推动各国间的合作,形成政治互信、经济融合、文化包容的利益共同体、责任共同体及命运共同体,将引领我国全面参与国际经济合作,在参与完善全球经济治理体系的进程中获得更有力的话语权。

目前,中国同很多国家建立了沟通协调机制,一批双边或多边合作项目正稳步推进(见表6.1)。亚洲基础设施投资银行、丝路基金等平台正积极发挥重要的作用。"一带一路"进程并未因疫情严重受阻。中欧班列(长安号)稳定开行。中国与"一带一路"沿线经济体合作的大型基础设施建设承包工程与劳务合作项目都在正常进行。"一带一路"引领以中国为主导的区域经济一体化,促进中国主动融入国际经济合作新格局,在全球经济合作新阶段中发挥中国经济与产业发展的新比较优势,并为中国企业"走出去"提供良好的国际制度支持,从而保护中国企业的合法权益。"一带一路"的未来更加值得期待。

表6.1 中国参与的主要RTA总结

签订时间	区域贸易协定的名称或区域经济合作组织的名称	成员国
1991年11月	中国加入亚太经合组织(APEC)	澳大利亚、文莱、加拿大、智利、中国、中国香港、印度尼西亚、日本、韩国、墨西哥、马来西亚、新西兰、巴布亚新几内亚、秘鲁、菲律宾、俄罗斯、新加坡、中国台湾、泰国、美国和越南
1992年1月	大湄公河次区域经济合作(GMS)	中国、缅甸、老挝、泰国、柬埔寨和越南

续表

签订时间	区域贸易协定的名称或区域经济合作组织的名称	成员国
1994年11月	《APEC经济领导人共同决心宣言》（又称《茂物宣言》）	澳大利亚、文莱、加拿大、智利、中国、中国香港、印度尼西亚、日本、韩国、墨西哥、马来西亚、新西兰、巴布亚新几内亚、秘鲁、菲律宾、俄罗斯、新加坡、中国台湾、泰国、美国和越南
1997年12月	东盟十国与中、日、韩三国即"10+3"框架	东盟10个成员国（文莱、柬埔寨、印尼、老挝、马来西亚、缅甸、菲律宾、新加坡、泰国、越南）与中国、日本、韩国
2001年5月	《曼谷协定》	中国、孟加拉国、印度、老挝、韩国、斯里兰卡和泰国
2001年11月	世界贸易组织（WTO）	中国正式成为世贸组织第143个成员
2001年6月	上海合作组织	哈萨克斯坦、中国、吉尔吉斯斯坦、俄罗斯、塔吉克斯坦和乌兹别克斯坦
2002年11月	《中国与东盟全面经济合作框架协议》	文莱、柬埔寨、印尼、老挝、马来西亚、缅甸、菲律宾、新加坡、泰国、越南和中国
2004年11月	《货物贸易协议》	文莱、柬埔寨、印尼、老挝、马来西亚、缅甸、菲律宾、新加坡、泰国、越南和中国
2005年11月	《曼谷协定》更名为《亚太贸易协定》	印度、韩国、孟加拉国、老挝、斯里兰卡和中国
2007年1月	《服务贸易协议》	文莱、柬埔寨、印尼、老挝、马来西亚、缅甸、菲律宾、新加坡、泰国、越南和中国
2009年6月	《"金砖四国"领导人俄罗斯叶卡捷琳堡会晤联合声明》	巴西、俄罗斯、印度和中国

续表

签订时间	区域贸易协定的名称或区域经济合作组织的名称	成员国
2010年1月	中国—东盟自贸区	文莱、柬埔寨、印尼、老挝、马来西亚、缅甸、菲律宾、新加坡、泰国、越南和中国
2010年12月	"金砖四国"（BRIC）	巴西、俄罗斯、印度、中国
2013年9月和10月	"一带一路"倡议	中国与"一带一路"沿线的65个经济体
2016年9月	中国—东盟（"10+1"）升级版	文莱、柬埔寨、印尼、老挝、马来西亚、缅甸、菲律宾、新加坡、泰国、越南和中国
2019年10月	《中华人民共和国政府与新加坡共和国政府关于升级〈自由贸易协定〉的议定书》（简称《升级议定书》）	中国与新加坡
2019年10月	《中华人民共和国政府和毛里求斯共和国政府自由贸易协定》	中国与毛里求斯
2020年11月	《区域全面经济伙伴关系协定》（RCEP）	中国、东盟10国、日本、韩国、澳大利亚与新西兰
2020年12月	中欧双边投资协定（BIT）又称中欧全面投资协定（中欧CAI）	中国与欧盟

资料来源：商务部网站 http：//www.mofcom.gov.cn/HYPERLINK "http：//www.mofcom.gov.cn/"，作者整理。

2020年11月15日正式签署的《区域全面经济伙伴关系协定》，简称RCEP，是由东盟十国、中国、日本、韩国、澳大利亚以及新西兰组成的全球最大的自由贸易区。这个扩大了的"朋友圈"开启了区域经济合作的新篇章，为疫情下的全球经济复苏注入强劲的动力。

三、"中国因子"及区域共同因子的影响力逐渐提升

动态因子分析法作为较前沿的方法在处理高维大数据的降维建模方面具有非常重要的作用。多层动态因子分析法一般包含世界共同因子、区域共同因子、国家共同因子及特异因子。对世界共同因子的提取可采用"美国主导式""中国主导式"及"自下而上提取式"这三种研究框架。对金融经济周期传导机制的深入研究及动态因子分解的结果发现"美国主导式"的世界共同因子的影响力，即揭示经济波动规律的贡献度在下降，区域共同因子的影响力在上升，而"中国因子"的影响力在逐步上升。这一趋势在使用疫情暴发前后，即2020年1月前及2020年1月至12月的贸易及投资数据比较分析后会更加明显。同时，与抗疫相关的产业更能体现这一特征。

运用国内版动态因子分析法对中国东中西部地区的贸易进出口状况进行分析。

上海的贸易进出口波动（见图6.2）能够被全国动态因子更好地捕捉其动向。上海经济波动是全国和东部地区经济波动的一个重要根源。

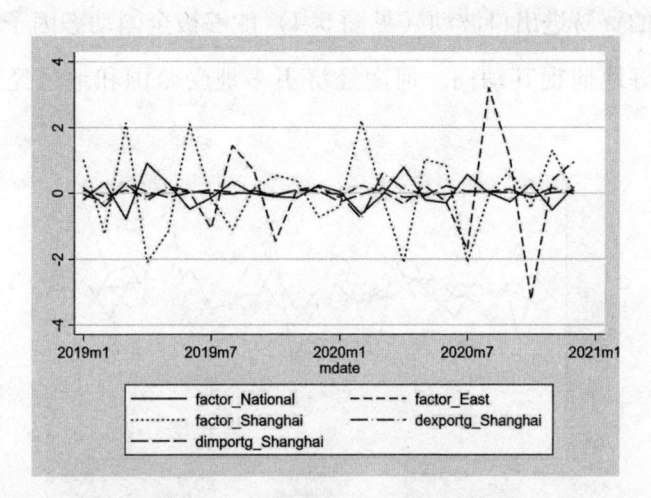

第六章 中国经济在险增长下的经济周期与贸易发展动向

图 6.2 进出口贸易动态因子分析——上海（数据来源：中经网）

海南的贸易进出口波动（见图 6.3）能够被省份动态因子更好地捕捉其动向。海南经济总体上表现出较强的独立性。

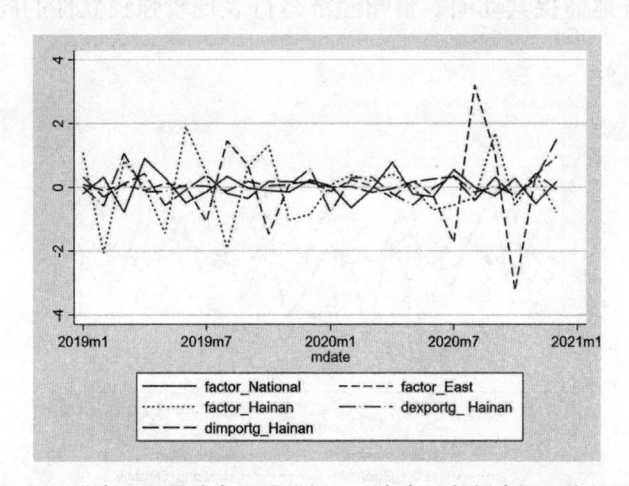

图 6.3 进出口贸易动态因子分析——海南（数据来源：中经网）

河南的贸易进出口波动（见图6.4）能够被全国动态因子和地区动态因子更好地捕捉其动向。河南经济更多地受全国和地区经济变化的影响。

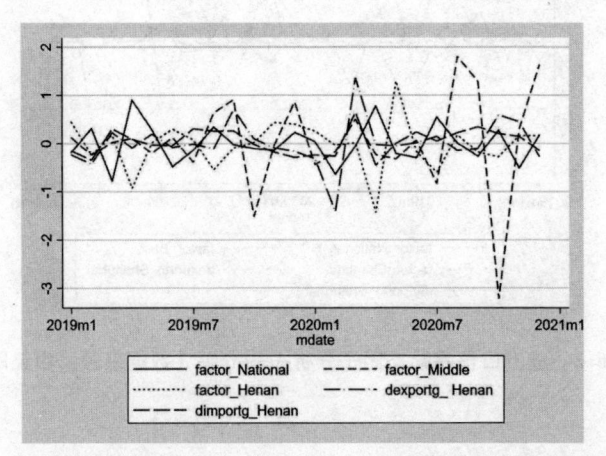

图6.4 进出口贸易动态因子分析——河南（数据来源：中经网）

贵州的贸易进出口波动（见图6.5）能够被地区动态因子和省份动态因子更好地捕捉其动向。贵州经济运行表现较强独立性的同时明显融入全国经济。

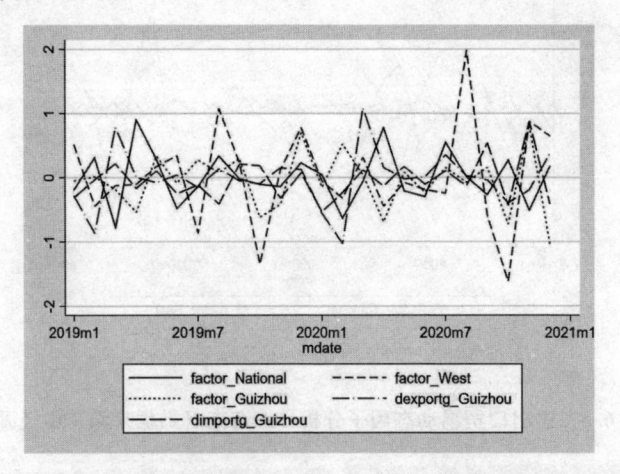

图6.5 进出口贸易动态因子分析——贵州（数据来源：中经网）

<<< 第六章 中国经济在险增长下的经济周期与贸易发展动向

以上是四个有代表性的东、中、西部省市的贸易进出口数据动态因子分解的结果（请见图6.2~图6.5）。本研究还对全国各国省份（市）的宏观经济及金融数据运用因子分解模型并进行了比较，结果显示，第一，全国经济周期对我国省份经济周期具有重要影响。然而，全国动态因子对省份（市）经济波动的影响差异十分明显。总体而言，全国动态因子对相对发达省份（市）经济波动的影响力明显要强于欠发达省份（市），从另一个角度来说，来自相对发达省份的经济冲击对全国经济波动的影响力更大，而这一趋势在使用2020年12个月包含疫情冲击的数据之后更加明显，也许是由于疫情的冲击更加放大了这一效应。第二，地区动态因子和特异因子对于我国的省份（市）经济周期尤其是投资增长波动具有重要影响。总体而言，欠发达省份的投资增长波动更加具有特异性，而地区动态因子对于欠发达省份的投资增长波动的解释力则明显要高于其他省份，而这一趋势在使用2020年12个月包含疫情冲击的数据之后更加明显，也许是由于疫情的冲击更加放大了这一效应。第三，省份动态因子总体而言对我国省份经济周期的影响较小。总体而言，省份动态因子对于欠发达省份的产出增长波动的影响力要明显大于其他省份，而对于发达省份投资增长波动的解释力则更大。

第七章

结论及研究展望

第一节 主要研究结论

动态因子分析法还可用于分析中国国内经济的发展及波动规律，从而探寻国内国际双循环高质量发展的运行机理。粤港澳大湾区、长三角、京津冀、中三角及西三角的区域共同因子的影响力都在逐步攀升。其中，粤港澳大湾区、长三角以及京津冀三大区域的共同因子影响力的增长程度更大，可以作为推动要素自由流动与聚集，促进新一轮区域一体化，打造中国版"雁阵模式"中的头雁，以中三角和西三角为第二雁阵，其他区域为第三雁阵，从而实现以南促北，以东促西（张明，2021）。国际版的"雁阵模式"则是以中日韩为头雁，以东盟及"一带一路"沿线较发达经济体为第二雁阵，以"一带一路"沿线中欠发达经济体为第三梯队的次序发展模式（张明，2021）。另外，新签订的RCEP（区域全面经济伙伴关系协定）是东盟和中国、日本、韩国、澳大利亚、新西兰在已有"10+1"自贸协定基础上的升级与完善，也是中国引领区域经济合作，继续推动多边机制建设并充分发挥市场机制作用的又一案例。

面对严峻的疫情及中美贸易摩擦，国际金融及投资领域又将如何构建国内国际双循环相互促进的发展格局呢？首先，在国内外风险可控的前提下加大自贸区、自贸港及金融市场的开放，尽快结合资源禀赋与比较优势出台中国特色的建设方案。其次，大力发挥人民币在大宗商品交易中的计价货币地位，同时向外国机构投资者加快开放国内金融市场的进程，在周边国家或地区及"一带一路"沿线培养对人民币的真实需求，促进人民币国际化。人民币国际化不仅可以和国内国际双"雁阵模式"有机结合，实现国际贸易与国际金融目标的相互联动与相互促进，还能作为积极应对外部金融冲击的备选方案。更重要的是，在加强国内国际双循环市场制度建设的同时，我国应该坚定不移地推动进出口贸易，因为国内循环与国际循环之间是你中有我，我中有你，相互依存，相互促进的关系。

第二节 政策建议梳理

东盟国家处于"一带一路"的陆海交会地带，区位优势明显，是中国推进"一带一路"建设的优先方向和重要伙伴。提高中国与东盟经济周期协动性、加快中国—东盟区域经济一体化进程对于构建中国—东盟命运共同体具有重大意义。因此，本书进一步针对东盟国家进行了研究，结果显示：第一，产业内贸易作为中国与东盟国家之间贸易往来的重心，对经济周期协动性有直接促进作用，但是考虑到双边贸易的间接影响，贸易对经济周期协动性的总效应为负。第二，中国与东盟国家之间存在着明显的垂直专业化分工，促进了产业内贸易，提高了经济周期协动性，但是负向间接效应使得专业化分工不利于经济周期协动性的提高。第三，虽然中国通过对外直接投资向东盟国家提供资金支持直接削弱了双方经济周期的趋同，但是总的来看，金融一体化促进了经济周期协动性的提高。第四，2017年之后，中国与多数东盟国家签订了"一带一路"合作谅解备忘录，虽然在我们的样本研究范围内还没有具体落实，但是我们可以预期到政策落实后的正向效应必然大于财政政策和货币政策协调对经济周期协动的正向促进作用。

上述结论不仅为我国"一带一路"建设提供了理论基础和实证经验，而且还为进一步推动区域一体化发展提供了可行的政策建议：

首先，促进贸易畅通，加强中国与"一带一路"沿线国家的贸易往来。中国与一些国家存在地理、文化、制度上的差异，这些因素不利于双边贸易的发展。加强沿线国家基础设施建设（设施联通），推动双边教育、旅游、电影等文化产业的融合（民心相通），促进政策合作，与更多国家签订自由贸易协定（政策沟通），这些有利于扩大中国与"一带一路"沿线国家的贸易规模。此外，由于服务贸易对贸易的贡献率不断提高，加快服务贸易开放，充分挖掘服务业的价值链作用，大力发展旅游、高新技术等高附加值的产业，提高双边服务贸易强度。

其次，在对外贸易的过程中寻找新的比较优势，加快产业结构的转型升级，由劳动密集型产业向资本密集型产业过渡，提高中国在垂直专业化分工体系中的地位，提高产业内贸易的层次，实现由"中国制造"向"中国创造"的转变。

再次，促进资金融通，进一步提高信贷市场一体化。国有金融机构允许民营金融机构参与融资过程，拓展公私合营的项目融资机制，并且通过与境外资本的合作降低国内的融资风险（宋爽等，2018）。此外，通过扩大沿线国家人民币合格境外机构投资者（RQFII）范围和额度，加强人民币的流通，逐步实现资本账户下货币自由兑换。通过与更多沿线国家签订本币互换协议，降低汇率波动，促进贸易、投资的发展，推动人民币的国际化进程。

最后，加强政策沟通，进一步推进中国与更多的"一带一路"沿线国家签署合作谅解备忘录，有利于推动双边贸易、投资、金融以及要素的流动，提高经济周期的协动性。

此外，我们发现，由于国家异质性的存在，对不同国家或群体制定和实施差别化的政策显得至关重要，可以将"一带一路"国家视为一个整体制定发展方针政策，但是一定要根据不同国家或群体的不同情况细化落实方案。

参考文献

[1] 白强, 白仲林. 动态因子模型的广义矩估计（GMM）及其统计性质研究 [J]. 统计研究, 2017, 34 (10): 119-128.

[2] 白仲林, 汪玲玲. 两类DSGE模型的动态因子模型表示 [J]. 数量经济技术经济研究, 2014, 31 (06): 117-130.

[3] 蔡漳平, 叶树峰. 耦合经济 [M]. 北京: 冶金工业出版社, 2011.

[4] 曹江宁. 中国战略性新兴产业发展评价与路径选择研究 [D]. 保定: 河北大学, 2015.

[5] 曹永琴, 李泽祥. 中国金融经济周期与真实经济周期的动态关联研究 [J]. 统计研究, 2009, 26 (05): 9-16.

[6] 陈磊, 张军. 金砖国家经济周期协同性及其传导机制 [J]. 数量经济技术经济研究, 2017, 34 (03): 95-111.

[7] 陈强. 高级宏观经济学讲义 [Z]. 济南: 山东大学经济学院, 2010.

[8] 陈锡康. 完全综合能耗分析 [J]. 系统科学与数学, 1981

(1): 69-76.

[9] 陈雨露, 马勇, 阮卓阳. 金融周期和金融波动如何影响经济增长与金融稳定? [J]. 金融研究, 2016 (02): 1-22.

[10] 程贵孙, 芮明杰. 战略性新兴产业理论研究新进展 [J]. 商业经济与管理, 2013 (08): 75-83.

[11] 程惠芳, 岑丽君. FDI、产业结构与国际经济周期协动性研究 [J]. 经济研究, 2010, 45 (09): 17-28.

[12] 程实, 钱智俊. 经济战"疫"货币先行 [J]. 中国科学院院刊, 2020, 35 (02): 195-199.

[13] 程宇. 创新驱动下战略性新兴产业的金融制度安排——基于"适应性效率"的分析 [J]. 南方金融, 2013 (03): 12-17.

[14] 初睿, 张健, 葛新权. 高新技术园区经济周期波动特征及成因分析 [J]. 数量经济技术经济研究, 2018, 35 (03): 132-149.

[15] 崔琪涌, 张源, 王胜. "一带一路"国际宏观经济政策协调: 机制基础与中国角色 [J]. 经济学家, 2020 (08): 49-58.

[16] 邓创, 徐曼. 中国的金融周期波动及其宏观经济效应的时变特征研究 [J]. 数量经济技术经济研究, 2014, 31 (09): 75-91.

[17] 丁强, 张向群. 区域经济转型升级: 基于战略性新兴产业与传统产业耦合发展的推动 [J]. 科技与管理, 2015, 17 (04): 72-77.

[18] 董树功. 协同与融合: 战略性新兴产业与传统产业互动发展的有效路径 [J]. 现代经济探讨, 2013 (02): 71-75.

[19] 杜海韬, 邓翔. 部门价格动态、特质冲击与货币政策——基于结构动态因子方法 [J]. 经济研究, 2013, 48 (12): 93-105.

[20] 杜群阳, 朱剑光. 产业内贸易对东亚经济周期协动性影响的

实证研究 [J]. 国际贸易问题, 2011 (12): 81-89.

[21] 段婕, 孙明旭. 高技术产业、传统产业与区域经济三系统耦合协调度实证研究 [J]. 科技进步与对策, 2017, 34 (23): 54-63.

[22] 樊纲. 通货紧缩、有效降价与经济波动——当前中国宏观经济若干特点的分析 [J]. 经济研究, 2003 (07): 3-9, 43-89.

[23] 樊明太. 中国经济波动的形成机制和模式 [J]. 经济研究, 1992 (12): 37-43.

[24] 方芳, 刘鹏. 中国金融顺周期效应的经济学分析 [J]. 国际贸易问题, 2010 (08): 120-128.

[25] 方云皓, 顾康康. 基于多元数据的中国地理空间疫情风险评估探索——以 2020 年 1 月 1 日至 4 月 11 日 COVID-19 疫情数据为例 [J]. 地球信息科学学报, 2021, 23 (02): 284-296.

[26] 冯碧芸, 张向群, 唐新贵. 宁波市战略性新兴产业与传统产业耦合发展研究 [J]. 科技与经济, 2015, 28 (02): 56-60.

[27] 高华川, 张晓峒. 动态因子模型及其应用研究综述 [J]. 统计研究, 2015, 32 (12): 101-109.

[28] 高华川, 赵娜. 基于多层因子模型的我国核心通货膨胀估计 [J]. 统计研究, 2016, 33 (04): 36-43.

[29] 高铁梅, 刘玉红, 王金明. 中国转轨时期物价波动的实证分析 [J]. 中国社会科学, 2003 (06): 73-83+206.

[30] 高雪. 耦合视角下吉林省战略性新兴产业发展对策 [D]. 长春: 长春理工大学, 2014.

[31] 高雪莲. 新兴产业国内外研究综述——基于新兴产业和新兴产业集群的视角 [J]. 郑州轻工业学院学报 (社会科学版), 2014, 15

(04): 36-42.

[32] 顾强, 董瑞青. 我国战略性新兴产业研究现状述评 [J]. 经济社会体制比较, 2013 (03): 229-236.

[33] 关晓琳, 卢文光. 基于产业生命周期的技术创新与战略性新兴产业协调度研究 [J]. 中国集体经济, 2015 (18): 50-53.

[34] 韩艾, 郑桂环, 汪寿阳. 广义动态因子模型在景气指数构建中的应用——中国金融周期景气分析 [J]. 系统工程理论与实践, 2010, 30 (05): 803-811.

[35] 韩珂珂, 邢子瑶, 刘哲, 等. 重大公共卫生事件中的舆情分析方法研究——以新冠肺炎疫情为例 [J/OL]. 地球信息科学学报, 2021, 23 (02): 331-340.

[36] 韩猛, 缪言, 白仲林. 动态因子模型的结构识别研究 [J]. 系统工程理论与实践, 2016, 36 (07): 1732-1743.

[37] 胡滨, 范云朋, 郑联盛. "新冠" 疫情、经济冲击与政府干预 [J]. 数量经济技术经济研究, 2020, 37 (09): 42-61.

[38] 胡大立, 谌飞龙, 刘志虹, 等. 超网络链视角下的战略性新兴产业全球价值链高端攀升研究 [J]. 经贸实践, 2017 (20): 298.

[39] 胡健. 战略性新兴产业与传统产业协同发展研究——以辽宁省为例 [D]. 大连: 东北财经大学, 2015.

[40] 胡燕. 资源型城市传统优势产业与战略性新兴产业耦合机理与转型研究——以淮南煤炭产业与光伏产业为例 [D]. 南京: 南京财经大学, 2015.

[41] 黄凡岩. 怀宁县战略性新兴产业选择与培育研究 [D]. 合肥: 安徽大学, 2014.

[42] 霍影,李巍巍,王春梅.黑龙江省战略性新兴产业培育与传统优势产业升级协同发展策略研究[J].统计与咨询,2015(02):24-25.

[43] 霍影.渐进式创新与跨越式变革:我国战略性新兴产业与传统产业耦合发展述评[J].产经评论,2014,5(04):18-26.

[44] 霍影.战略性新兴产业、传统产业与区域经济空间协调发展度研究——基于三子系统耦合系统的分析框架[J].情报杂志,2012,31(12):157,180-185.

[45] 贾俊雪.中国经济周期波动特征及原因研究[M].北京:中国金融出版社,2008.

[46] 蒋涛.疫情对企业融资的影响研究——来自银团贷款市场的经验证据[J].国际金融研究,2020(04):65-75.

[47] 金春,李薇.战略新兴产业发展的制度创新研究——以石家庄为例[J].石家庄学院学报,2016,18(01):56-59.

[48] 赖瑾慕.战略性新兴产业与传统产业耦合系统分析与评价[D].天津:天津理工大学,2014.

[49] 黎春秋.县域战略性新兴产业选择与培育研究[D].长沙:中南大学,2012.

[50] 李宝庆,陈琳.战略性新兴产业空间演化及区域经济耦合发展研究——以长三角区域为例[J].人文地理,2014,29(01):94-98.

[51] 李勃昕.中国战略性新兴产业发展研究[D].西安:西北大学,2013.

[52] 李少林.战略性新兴产业与传统产业的协同发展——基于省

际空间计量模型的经验分析[J].财经问题研究,2015(02):25-32.

[53]李世才.战略性新兴产业与传统产业耦合发展的理论及模型研究[D].长沙:中南大学,2010.

[54]李旸,李天德,陈少炜.当前世界经济周期波动的新特征及中国的对策[J].经济学家,2013(10):94-102.

[55]连远强.供给侧跨界耦合视角下产业创新发展研究[J].科技进步与对策,2016,33(20):63-68.

[56]连远强.战略性新兴产业培育的文献综述与集群联盟耦合培育战略的提出[C]//Information Engineering Research Institute,USA.Proceedings of 2013 International Conference on Social Sciences Research(SSR 2013 V2).Information Engineering Research Institute,USA,2013:5.

[57]梁军,赵方圆.新兴产业与传统产业互动发展的区域差异与变动趋势——基于灰色关联模型的实证研究[J].产经评论,2014,5(06):5-16.

[58]梁威,刘满凤.战略性新兴产业与区域经济耦合协调发展研究——以江西省为例[J].华东经济管理,2016,30(05):14-19.

[59]梁一新.中美贸易摩擦背景下加入RCEP对中国经济及相关产业影响分析[J].国际贸易,2020(08):38-47.

[60]林伯强,黄光晓.能源金融[M].北京:清华大学出版社,2011.

[61]林章岁,李喜兰,刘林,等.战略性新兴产业与传统产业耦合发展的实证研究[J].经济研究导刊,2017(17):49-50,62.

[62]刘艾林,杜冠华.基于靶点的抗新型冠状病毒病COVID-19

药物发现 [J]. 药学学报, 2020, 55 (06): 1073-1080.

[63] 刘达禹, 田方钰, 刘金全. 中国经济周期区位下移的形式机理——基于增长区间和新常态时期的对比研究 [J]. 经济学家, 2020 (08): 39-48.

[64] 刘刚, 等. 战略性新兴产业发展的机制和路径: 价值网络的视角 [M]. 北京: 中国财政经济出版社, 2012.

[65] 刘华志. 基于产业链的视角江西省战略性新兴产业集群生态创新的内在机理分析 [J]. 中国战略新兴产业, 2017 (48): 73, 75.

[66] 刘佳刚, 汤玮. 战略性新兴产业发展演化规律及空间布局分析 [J]. 中国科技论坛, 2015 (04): 57-62.

[67] 刘金全, 张鹤. 经济增长风险的冲击传导和经济周期波动的"溢出效应"[J]. 经济研究, 2003 (10): 32-39+91.

[68] 刘明娟. 安徽省战略性新兴产业与传统产业耦合发展策略研究——以节能环保产业与纺织产业为例 [J]. 湖北经济学院学报 (人文社会科学版), 2015, 12 (01): 32-33.

[69] 刘涛, 靳永爱. 人口流动视角下的中国新冠疫情扩散时空动态——传统数据和大数据的对比研究 [J]. 人口研究, 2020, 44 (05): 44-59.

[70] 刘战雄. 基于生态技术的广东战略性新兴产业发展研究 [D]. 广州: 华南理工大学, 2013.

[71] 马永飞. 全球价值链重构背景下中国对外贸易发展研究 [J]. 国际贸易, 2021 (02): 47-54.

[72] 马勇, 冯心悦, 田拓. 金融周期与经济周期——基于中国的实证研究 [J]. 国际金融研究, 2016 (10): 3-14.

[73] 梅冬州, 王子健, 雷文妮. 党代会召开、监察力度变化与中国经济波动 [J]. 经济研究, 2014, 49 (03): 47-61.

[74] 梅冬州, 赵晓军. 资产互持与经济周期跨国传递 [J]. 经济研究, 2015, 50 (04): 62-76.

[75] 梅冬州, 赵晓军, 张梦云. 贸易品类别与国际经济周期协动性 [J]. 经济研究, 2012, 47 (S2): 144-155.

[76] 孟庆强, 郭凤艳, 冯静, 等. 战略性新兴产业与传统产业互动耦合发展研究——以河北省为例 [J]. 现代商业, 2016 (21): 83-84.

[77] 欧阳志刚. 中国经济增长的趋势与周期波动的国际协同 [J]. 经济研究, 2013, 48 (07): 35-48.

[78] 乔鹏亮. 广西战略性新兴产业与传统产业耦合发展研究 [J]. 广西社会科学, 2014 (03): 24-27.

[79] 秦广虎. 安徽省战略性新兴产业与传统产业协同发展研究 [J]. 宿州学院学报, 2016, 31 (01): 13-15, 49.

[80] 秦广虎. 我国战略性新兴产业与传统产业协同发展研究述评 [J]. 淮海工学院学报（人文社会科学版）, 2016, 14 (03): 99-102.

[81] 秦浩明. 战略性新兴产业与金融协同发展研究 [D]. 广州: 暨南大学, 2014.

[82] 邱峰. 战略性新兴产业发展问题及财税对策——以江苏省镇江市为例 [J]. 当代经济, 2011 (10): 44-45.

[83] 邵宇佳, 刘文革. 增加值贸易与国际经济周期联动: 理论模拟与经验检验 [J]. 世界经济, 2020, 43 (08): 100-122.

[84] 沈国兵. "新冠肺炎"疫情对我国外贸和就业的冲击及纾困

举措[J]. 上海对外经贸大学学报, 2020, 27 (02): 16-25.

[85] 施红星. 基于科技生产力流动视角的战略性新兴产业成长问题研究[D]. 南京: 南京航空航天大学, 2013.

[86] 史雅茹, 严汉平, 李冀. 战略性新兴产业的增长效率和发展质量——一个文献述评[J]. 生产力研究, 2013 (12): 193-196.

[87] 宋歌. 战略性新兴产业集群式发展研究[D]. 武汉: 武汉大学, 2013.

[88] 宋俊秀. 战略性新兴产业与传统优势产业耦合发展研究——以甘肃省为例[D]. 兰州: 兰州商学院, 2012.

[89] 宋清林. 战略性新兴产业与区域协同创新耦合发展研究[D]. 天津: 天津大学, 2016.

[90] 宋玉华, 方建春. 中国与世界经济波动的相关性研究[J]. 财贸经济, 2007 (01): 104-110, 129.

[91] 宋玉华, 李泽祥. 金融经济周期理论研究新进展[J]. 浙江大学学报 (人文社会科学版), 2007 (04): 163-171.

[92] 宋玉华, 周阳敏. 世界经济周期的协同性与非协同性研究综述[J]. 经济学动态, 2003 (12): 81-85.

[93] 宋玉华, 等. 世界经济周期理论与实证研究[M]. 北京: 商务印书馆, 2007.

[94] 孙国民. 战略性新兴产业生态系统耦合模式研究——以产城耦合为例[J]. 科技进步与对策, 2017, 34 (10): 46-52.

[95] 孙敏. 战略性新兴产业发展研究综述及反思[J]. 中共宁波市委党校学报, 2015, 37 (02): 123-128.

[96] 孙希芳. 一个制度变迁的动态博弈模型[J]. 经济学动态,

2001 (12): 26-29.

[97] 谭蓉娟, 刘贻新. 战略性新兴产业科技创新与金融创新耦合效率研究——基于上市公司数据的实证分析[J]. 科技管理研究, 2015, 35 (24): 110-115.

[98] 汤铎铎, 刘学良, 倪红福, 等. 全球经济大变局、中国潜在增长率与后疫情时期高质量发展[J]. 经济研究, 2020, 55 (08): 4-23.

[99] 唐宏, 张雨微. 战略性新兴产业的人才供求特征及人才战略[J]. 经济研究导刊, 2014 (10): 251-253.

[100] 唐宜红, 张鹏杨, 梅冬州. 全球价值链嵌入与国际经济周期联动：基于增加值贸易视角[J]. 世界经济, 2018, 41 (11): 49-73.

[101] 田素华, 李筱妍. 新冠疫情全球扩散对中国开放经济和世界经济的影响[J]. 上海经济研究, 2020 (04): 109-117.

[102] 田歆, 蒋作梁, 汪寿阳. 疫情之下数字经济的担当与变局[N]. 人民邮电, 2020-03-10 (03).

[103] 佟家栋, 盛斌, 蒋殿春, 等. 新冠肺炎疫情冲击下的全球经济与对中国的挑战[J]. 国际经济评论, 2020 (03): 4, 9-28.

[104] 王卉彤, 刘靖, 雷丹. 新旧两类产业耦合发展过程中的科技金融功能定位研究[J]. 管理世界, 2014 (02): 178-179.

[105] 王卉彤, 刘靖, 赵国钦. 城市经济转型途径研究——基于新旧两类产业耦合互动视角[J]. 城市发展研究, 2014, 21 (01): 37-41, 53.

[106] 王晋斌. 进入周期性弱复苏阶段的世界经济——兼论"双

周期"的逐步耦合是世界经济持续复苏的关键[J]．安徽大学学报（哲学社会科学版），2018，42（01）：141-149.

[107] 王开科．我国战略性新兴产业"阶梯式"发展路径选择——基于马克思资源配置理论视角的分析[J]．经济学家，2013（06）：21-29.

[108] 王俏茹，刘金全，刘达禹．中国省级经济周期的一致波动、区域协同与异质分化[J]．中国工业经济，2019，（10）：61-79.

[109] 王霞，唐三一，陈勇，等．新型冠状病毒肺炎疫情下武汉及周边地区何时复工？数据驱动的网络模型分析[J]．中国科学：数学，2020，50（07）：969-978.

[110] 王小明．区域传统优势产业与战略性新兴产业协同融合发展研究[J]．经济体制改革，2016（04）：50-55.

[111] 王勇，傅雄广，魏强．外部冲击下的中国与世界经济波动协同性研究[J]．世界经济研究，2010（07）：15-21+87.

[112] 王友转．我国战略性新兴产业的文献计量和可视化分析[J]．科技视界，2015（13）：39-40.

[113] 魏雷．战略性新兴产业与传统产业最优资本配置研究[D]．沈阳：辽宁大学，2017.

[114] 武建龙，王宏起．战略性新兴产业突破性技术创新路径研究——基于模块化视角[J]．科学学研究，2014，32（04）：508-518.

[115] 熊勇清．战略性新兴产业与传统产业互动耦合发展研究[M]．北京：经济科学出版社，2013.

[116] 熊勇清，曾丹．战略性新兴产业的培育与发展：基于传统产业的视角[J]．重庆社会科学，2011（04）：49-54.

[117] 熊勇清, 李世才. 战略性新兴产业与传统产业的良性互动发展——基于我国产业发展现状的分析与思考 [J]. 科技进步与对策, 2011, 28 (05): 54-58.

[118] 熊勇清, 李世才. 战略性新兴产业与传统产业耦合发展的过程及作用机制探讨 [J]. 科学学与科学技术管理, 2010, 31 (11): 84-87+109.

[119] 熊勇清, 李世才. 战略性新兴产业与传统产业耦合发展研究 [J]. 财经问题研究, 2010 (10): 38-44.

[120] 徐秀军. 新国际形势下构建更高水平开放格局的挑战、机遇与对策 [J]. 国际税收, 2020 (10): 23-30.

[121] 徐晔, 闫娜娜, 胡志芳. 生物医药产业与农业耦合发展的实证研究——以江西省为例 [J]. 企业经济, 2014 (09): 109-112.

[122] 许慧玲. 转型升级形势下传统产业与电子商务融合发展研究——以广东省汕头市为例 [J]. 科技管理研究, 2014, 34 (10): 149-153, 165.

[123] 薛新伟. 隐形因素以及包括隐形因素的投入产出模型 [J]. 技术经济与管理研究, 2000 (1): 52-53.

[124] 闫娜娜. 江西省战略性新兴产业带动传统产业升级的实证研究 [D]. 南昌: 江西财经大学, 2015.

[125] 严阅, 陈瑜, 刘可伋, 等. 基于一类时滞动力学系统对新型冠状病毒肺炎疫情的建模和预测 [J]. 中国科学: 数学, 2020, 50 (03): 385-392.

[126] 杨华磊, 吴远洋, 蔺雪钰. 新冠状病毒肺炎、人口迁移与疫情扩散防控 [J]. 中国管理科学, 2020, 28 (03): 1-10.

[127] 杨晁,谢泽宇. 新冠肺炎疫情防控对中国人口流动的影响——基于百度地图迁徙大数据的实证研究 [J]. 人口研究, 2020, 44 (04): 74-88.

[128] 杨子晖,田磊. 中国经济与世界经济协同性研究[J]. 世界经济, 2013 (01): 81-102.

[129] 殷剑峰. 二十一世纪中国经济周期平稳化现象研究 [J]. 中国社会科学, 2010 (04): 56-73, 221.

[130] 俞之胤. 长春市战略性新兴产业创新能力评价及提升对策研究 [D]. 长春: 吉林大学, 2015.

[131] 袁艳平. 战略性新兴产业链构建整合研究 [D]. 成都: 西南财经大学, 2012.

[132] 袁中华. 我国新兴产业发展的制度创新研究 [D]. 成都: 西南财经大学, 2011.

[133] 苑清敏,高凤凤,邱静,等. 我国战略性新兴产业与传统产业耦合影响力研究 [J]. 科技管理研究, 2015, 35 (19): 103-107, 129.

[134] 苑清敏,赖瑾慕. 战略性新兴产业与传统产业动态耦合过程分析 [J]. 科技进步与对策, 2014, 31 (01): 60-64.

[135] 张峰,杨建君,黄丽宁. 战略性新兴产业研究现状评述: 一个新的研究框架 [J]. 科技管理研究, 2012, 32 (05): 18-22, 29.

[136] 张会平. 关于加速推进河北省战略性新兴产业的研究[D]. 石家庄: 河北经贸大学, 2013.

[137] 张建. 新冠肺炎疫情全球性暴发下的贸易调整援助: 问题与对策 [J]. 首都经济贸易大学学报, 2020, 22 (05): 28-35.

[138] 张健民. 安徽省战略性新兴产业选择和发展研究 [D]. 马鞍山：安徽工业大学, 2012.

[139] 张明. 构建双循环新发展格局的思考 [Z]. 张明宏观金融研究微信公众号, 2021-02-19.

[140] 张倩男. 战略性新兴产业与传统产业耦合发展研究——基于广东省电子信息产业与纺织业的实证分析 [J]. 科技进步与对策, 2013, 30 (12): 63-66.

[141] 张文彬, 童笛. 中国省份产业经济周期的经验研究——基于贝叶斯潜在多动态因子模型的分析 [J]. 数量经济技术经济研究, 2011, 28 (01): 104-116.

[142] 张晓晶, 刘磊. 宏观分析新范式下的金融风险与经济增长——兼论新型冠状病毒肺炎疫情冲击与在险增长 [J]. 经济研究, 2020, 55 (06): 4-21.

[143] 张晓晶, 王宇. 金融周期与创新宏观调控新维度 [J]. 经济学动态, 2016 (07): 12-20.

[144] 张训. 战略性新兴产业发展的金融支持研究 [D]. 长沙：长沙理工大学, 2012.

[145] 张宇. "一带一路"倡议是否降低了中国出口的隐性壁垒？[J]. 世界经济研究, 2020 (11): 3-14, 135.

[146] 赵序茅, 李欣海, 聂常虹. 基于大数据回溯新冠肺炎的扩散趋势及中国对疫情的控制研究 [J]. 中国科学院院刊, 2020, 35 (03): 248-255.

[147] 赵莹, 王宏杰, 殷兆玺. 辽宁战略性新兴产业与传统产业的关联性 [J]. 辽宁工程技术大学学报（社会科学版）, 2017, 19

（02）：160-165.

[148] 赵莹, 魏雷. 辽宁省战略性新兴产业与传统产业耦合发展研究——基于高端装备制造业与冶金工业的分析 [J]. 辽宁大学学报（哲学社会科学版），2017, 45（01）：42-50.

[149] 中国社会科学院经济研究所宏观经济课题组. 防控金融风险是首要攻坚任务 [N]. 中国经济时报, 2018-01-09.

[150] 周成金. 我国战略性新兴产业发展对就业结构的影响 [D]. 长沙：湖南大学，2014.

[151] 周国庆. 全球经济周期的协同与异化特征研究：基于多层因子模型的实证分析 [J]. 世界经济研究，2017（09）：102-119+137.

[152] 周明生, 陈文翔. 经济波动、宏观调控与产业结构调整研究 [M]. 北京：中国金融出版社，2016.

[153] 周晓阳, 汪寿阳, 周晓阳. 新冠肺炎疫情将如何影响芯片全产业链？[N]. 人民邮电，2020-02-20（04）.

[154] 周炎, 陈昆亭. 金融经济周期理论研究动态 [J]. 经济学动态，2014（07），128-138.

[155] 周炎, 陈昆亭. 金融经济周期模型拟合中国经济的效果检验 [J]. 管理世界，2012（06）：17-29，187.

[156] 周炎, 黄晶, 魏熙晔, 等. 金融经济周期理论新进展——首届中国金融经济周期论坛综述 [J]. 经济研究，2016, 51（01），187-192.

[157] 朱民. 新冠肺炎疫情对全球经济和金融市场造成的冲击 [J]. 国际金融，2020（04）：3-5.

[158] 祝坤福, 高翔, 杨翠红, 等. 新冠肺炎疫情对全球生产体

系的冲击和我国产业链加速外移的风险分析 [J]. 中国科学院院刊, 2020, 35 (03): 283-288.

[159] ANDERSON J E, VAN WINCOOP E. Gravity with Gravitas: A Solution to the Border Puzzle [J]. The American Economic Review, 2003, 93 (1): 170-92.

[160] ARKOLAKIS C, RAMANARAYANAN A. Vertical Specialization and International Business Cycle Synchronization [J]. Scandinavian Journal of Economics, 2009, 111 (4): 655-680.

[161] BACKUS D K, KEHOE P J, KYDLAND F E. International real business cycles [J]. Journal of Political Economy, 1992, 100 (4): 745-775.

[162] BAXTER M, FARR D D. Variable Capital Utilization and International Business Cycles [J]. Journal of International Economics, 2005, 65 (2): 335-347.

[163] BAXTER M. International Trade and Business Cycles [J]. Handbook of International Economics, 1995, 3: 1801-1864.

[164] BAYOUMI T, EICHENGREEN B, Mauro P. On regional monetary arrangements for ASEAN [J]. Journal of the Japanese and International Economies, 2000, 14 (2): 121-148.

[165] BLANCHARD O J, DAS M, FARUQEE H. The initial impact of the crisis on emerging market countries [J]. Bookings Papers on Econometrics Activity, 2010, 2010 (1): 263-307.

[166] Calderón C, CHONG A, STEIN E. Trade Intensity and Business Cycle Synchronization: Are Developing Countries Any Different?

[J]. Journal of International Economics, 2007, 71 (1): 2-21.

[167] CERQUEIRA P A, MARTINS R. Measuring the determinants of business cycle synchronization using a panel approach [J]. Economics Letters, 2009, 102 (2): 106-108.

[168] CHEN L, DOLADO J J, GONZALO J. Quantile Factor Models [J]. Econometrica, 2021, 89 (2): 875-910.

[169] CRUCINI M J, KOSE M A, OTROK, C. What are the Driving Forces of International Business Cycles? [J]. Review of Economic Dynamics, 2011 (14): 156-175.

[170] DÉES S, ZORELL N. Business Cycle Synchronisation: Disentangling Trade and Financial Linkages [J]. Open Economies Review, 2012, 23 (4): 623-643.

[171] DEVEREUX M B, SUTHERLAND A. Country Portfolios in Open Economy Macro-Models [J]. Journal of the European Economic Association, 2011, 9 (2): 337-369.

[172] DEVEREUX M B, SUTHERLAND A. Country Portfolio Dynamics [J]. Journal of Economic Dynamics and Control, 2010, 34 (7): 1325-1342.

[173] DI GIOVANNI J, LEVCHENKO A A. Putting the Parts Together: Trade, Vertical Linkages, and Business Cycle Comovement [J]. American Economic Journal: Macroeconomics, 2010, 2 (2): 95-124.

[174] FAIA E. Finance and International Business Cycles [J]. Journal of Monetary Economics, 2007, 54 (4): 1018-1034.

[175] FRANKEL J A, ROSE A K. The Endogeneity of the Optimum

Currency Area Criteria [J]. The Economic Journal 1998, 449 (108): 1009-1025.

[176] GERLACH H M S. World Business Cycle under Fixed and Flexible Exchange Rate [J]. Journal of money, Credit, and Banking, 1988, 20 (4): 621-632.

[177] GOURINCHAS P O. Valuation Effects and External Adjustment: A Review. Gourinchas, Pierre-Olivier. Valuation Effects and External Adjustment: A Review. Current Account and External Financing, edited by Kevin Cowan et al., Series on Central Banking, Analysis, and Economic Policies, vol. 12. Santiago: Central Bank of Chile, 2008: 195-236.

[178] GOURINCHAS P O, JEANNE O. Capital Flows to Developing Countries: The Allocation Puzzle [Z]. NBER Working Paper No. 13602, 2007.

[179] GRAUWE P D, ZHANG Z. Monetary Integration and Exchange Rate Issues in East Asia [J]. The World Economy, 2012, 35 (4): 397-404.

[180] HEATHCOTE J, PERRI F. Financial Autarky and International Business Cycles [J]. Journal of Monetary Economics, 2002, 49 (3): 601-627.

[181] HSU C C, WU J Y, YAU R. Foreign Direct Investment and Business Cycle Co-Movements: The Panel Data Evidence [J]. Journal of Macroeconomics, 2011, 33 (4): 770-783.

[182] IACOVIELLO M, MINETTI R. International business cycles with domestic and foreign lenders [J]. Journal of Monetary Economics,

2006, 53 (8): 2267-2282.

[183] IMBS J. Trade, finance, specialization, and synchronization [J]. Review of Economics and Statistics, 2004, 86 (3): 723-734.

[184] IMBS J. The real effects of financial integration [J]. Journal of International Economics, 2006, 68 (2): 296-324.

[185] JIA J S, LU X, YUAN Y, et al. Population flow drives spatio-temporal distribution of COVID-19 in China [J]. Nature, 2020, 582 (7812): 389-394.

[186] KIM S, LEE J W, PARK C Y. Emerging Asia: Decoupling or Recoupling [J]. The World Economy, 2011, 34 (1): 23-53.

[187] KOSE M A, YI K M. Can the Standard International Business Cycle Model Explain the Relation between Trade and Comovement? [J]. Journal of international Economics, 2006, 68 (2): 267-295.

[188] KOSE M A, YI K M. International Trade and Business Cycles: Is Vertical Specialization the Missing Link? [J]. The American Economic Review, 2001, 91 (2): 371-375.

[189] KOSE M A, OTROK C, WHITEMAN C H. International Business Cycles: World, Region, and Country-Specific Factors [J]. American Economic Review, 2003, 93 (4), 1216-1239.

[190] KOSE M A, OTROK C, PRASAD E S. Global Business Cycles: Convergence or Decoupling? [J]. International Economic Review, 2012, 53 (2): 511-538.

[191] KOSE M A, OTROK C, WHITEMAN C H. Understanding the Evolution of World Business Cycles [J]. Journal of International Economics,

2008, 75 (1): 110-130.

[192] KRUGMAN P. Lesson of Massachusetts for EMU [M]. Adjustment and growth in the European Monetary Union, Oxford; New York and Melbourne: Cambridge University Press, 1993: 241-261.

[193] KRUGMAN P. The international financial multiplier [M]. Princeton: Princeton University, 2008.

[194] KOTABE M, SWAN K S. The Role of Strategic Alliances in High-technology New Product Development [J]. Strategic Management Journal, 2007, 16 (8): 621-636.

[195] LAWLESS M W, TEGARDEN L F. A Test of Performance Similarity among Strategic Group Members in Conforming and Non-conforming Industry Structures [J]. Journal of Management Studies, 1991, 28 (6): 645-664.

[196] MOENCH E, NG S, POTTER S. Dynamic Hierarchical Factor Models: Note [J]. Review of Economics and Statistics, 2013, 95 (5), 1811-1817.

[197] MONETA F, RUFFER R. Business cycle synchronization in East Asia [J]. Journal of Asian Economics, 2009 20 (1): 1-12.

[198] NEELY C J, RAPACH D E. International Comovements in Inflation Rates and Country Characteristics [J]. Journal of International Money and Finance, 2011 (30): 1471-1490.

[199] NG E C Y. Production Fragmentation and Business-Cycle Comovement [J]. Journal of International Economics, 2010, 82 (1): 1-14.

[200] SHIN K, WANG Y. Trade Integration and Business Cycle Syn-

chronization in East Asia [J]. Asian Economic Papers, 2003, 2 (3): 1-20.

[201] STURGEON T, VAN BIESEBROECK J, GEREFFI G. Value Chains, Networks and Clusters: Reframing the Global Automotive Industry [J]. Journal of Economic Geography, 2008 (8).

[202] LEONTIEF W W. The Structure of American Economy, 1919—1929: An Empirical Application of Equilibrium Analysis [M]. Cambridge Mass: Harvard University Press, 1941: 31-33.

[203] DARVAS Z, ROSE A K, SZAPÁRY G. Fiscal Divergence and Business Cycle Synchronization: Irresponsibility is Idiosyncratic [Z]. NBER working paper No. 11580, 2005.